Cóm

Un libro lleno de esperanza, sabiduría práctica y ánimo para
padres de hijos pródigos; no solo para ayudarlos a que los dejen
ir y esperar en paz, sin que cunda el pánico, sino para preservar
en oración el hogar de sus hijos en el corazón de Dios.

CHERI FULLER
Autora de When Mothers Pray
Oklahoma City, Oklahoma

¡Archiva este ejemplar bajo la "E" de "Esperanza". ¡Oración por
el regreso del pródigo está lleno de consejos sabios brindados con
mucho corazón. A medida que considero lo oportuno de este
trabajo en el marco actual, se me ocurre que en materia
de apostasía final a la que se refieren las Escrituras, puede
haber —y de hecho habrá mediante la perseverancia con
oraciones llenas de fe—, ¡un gran regreso!

ESTHER ILNISKY
Autora de Let the Children Pray
West Palm Beach, Florida

No hay dolor mayor que tener a un hijo pródigo en la vida. Yo
viví esta experiencia y he visto una gran victoria. Solo hubiera de-
seado tener este material para leerlo en los momentos en que
parecía que nada iba a cambiar en la vida de mi hijo.
Este libro te dará consuelo y esperanza.

CINDY JACOBS
Cofundadora, Generales de Intercesión
Colorado Springs, Colorado

Cómo orar por los hijos pródigos es un gran aliciente
y guía para los creyentes que sufren y oran por
los seres queridos que vagan errantes.

DEE JEPSEN
Autora de Jesus Called Her Mother
Presidente Emérito, Enough Is Enough
Port Charles, Florida

Cómo orar por los hijos pródigos te dará: (1) esperanza cuando te sientas sin ella, (2) revelación cuando no puedas comprender o arreglar algo y (3) dirección cuando te sientas menospreciada por la manera de ser de tu hijo pródigo. La única pregunta sin responder al final de este libro es: "¿Por cuánto tiempo?" Yo también estoy esperando que mi hijo pródigo regrese a casa. Tomemos estas herramientas, mi querido amigo, y cortemos la distancia.

MIRIAM NEFF
Autora y consejera
Kildeer, Illinois

Este libro pragmático se enfrenta a temas difíciles y provee respuestas basadas en verdades firmes y espirituales. ¡Vale la pena leerlo!

MORRIS L. SHEATS
Pastor, Hillcrest Church
Dallas, Texas

Algunos libros sobre el dolor quedan distantes de la agonía prometiendo ayuda al herido, aunque a menudo entregando un poco menos que recetas irritantes de teóricos incrédulos. Otros están tan saturados de dolor que sirven para compadecerse ofreciendo escasa esperanza. *Cómo orar por los hijos pródigos* es un rayo de luz de dos mujeres que caminan a través de una densa oscuridad que solo conocen los padres de los hijos pródigos. Real y sincero aunque con un río misericordioso de gozo y fe, este libro consuela a aquellos que se sienten temerosos mientras sus seres queridos vagan sin descanso en un país lejano. Las escritoras nos hacen señas para que avancemos más allá del sufrimiento, a las alturas, donde se encuentra algo llamado paz, aun en medio del dolor.

MARK RUTLAND
Presidente, Southeastern College
Lakeland, Florida

Tus hijos pródigos pueden haberse mudado a un país lejano pero descansa segura, Dios tiene su dirección. *Cómo orar por los hijos pródigos* nos recuerda que Él puede y desea salvarlos. ¡Este libro es un edificador de fe!

THETUS TENNEY
Autor de Prayer Takes Wings
Tioga, Louisiana

Del corazón de estas dos mujeres ha salido un sabio consejo.
¡Puedes percatarte de que escucharon al Padre! Este libro
está lleno de muchas historias, todas llenas de esperanza. Mientras
leía este manuscrito en el avión, lágrimas tibias llenaron mis
ojos y una gran esperanza inundó mi corazón. Tuve que ponerlo
a un lado y pasar unos minutos orando por mis tres hijas desde
el asiento 4A a 30,000 pies de altura. ¡Gracias, Quin Sherrer
y Ruthanne Garlock, por ayudarnos a orar con entendimiento!
Tengo planificado darles este libro a varias amigas cercanas
y familiares. Es como sembrar semillas de esperanza.

TOMMY TENNEY
Autor de The God Chasers y God's Dream Team
Pineville, Louisiana

¡Este libro es necesario! Quin Sherrer y Ruthanne Garlock lo
llenaron de testimonios que actúan como una cuchara para
revolver la fe. Estas no son historias de sucesos "extraños"
que asustan a los caídos y los intimida para que regresen a
Dios, sino más bien, es sobre la intervención milagrosa
del Señor en respuesta a las oraciones. Este es un retrato
maravilloso de la obra de un Dios sobrenatural en lo natural
para acercar a Sí mismo a nuestros seres queridos que están
perdidos. Te recomiendo que leas *Cómo orar por los hijos
pródigos* y que mantengas una copia más para que la ofrezcas a
una persona cuya fe necesite un empujón.

IVERNA TOMPKINGS
Conferenciante
Phoenix, Arizona

He aquí testimonios increíblemente poderosos de creyentes que
trajeron de regreso mediante la oración a hijos pródigos de
edades entre 15 a 94 años. Cargados con perlas como "El orgullo
es un lujo que los padres no pueden tener cuando tratan de
conquistar a sus hijos de regreso del abismo". Este libro está lleno
de historias inolvidables de padres bien conocidos y desconocidos,
que se han parado en la brecha por un hijo pródigo.

MARION BOND WEST
Autora y Editor Contribuyente, Guideposts
Watkinsville, Georgia

CÓMO ORAR POR LOS HIJOS PRÓDIGOS

recobra lo que el enemigo te robó

Quin Sherrer y
Ruthanne Garlock

Unilit

Sepa

Publicado por
Unilit
Miami, FL 33172
Derechos reservados

© 2001 Editorial Unilit (Spanish translation)
Primera edición 2001
Primera edición 2012 (Serie Selectos)
Primera edición 2013 (Serie Favoritos)

© 2000 por Quin Sherrer y Ruthanne Garlock.
Originalmente publicado en inglés con el título:
Praying Prodigals Home por Quin Sherrer y Ruthanne Garlock.
Publicado por Gospel Light Publications,
2300 Knoll Drive
Ventura, CA 93003-7308
Todos los derechos reservados.

Traducción: Silvia Bolet de Fernández

A menos que se indique lo contrario, el texto bíblico ha sido tomado de
la Santa Biblia, *Nueva Versión Internacional* ®NVI®. Propiedad literaria
© 1999 por Biblica, Inc. ™. Usado con permiso. Reservados todos los
derechos mundialmente.
El texto bíblico señalado con RV-60 ha sido tomado de la versión Reina
Valera © 1960 Sociedades Bíblicas en América Latina; © renovado 1988
Sociedades Bíblicas Unidas. Utilizado con permiso.
Reina-Valera 1960® es una marca registrada de la American Bible Society,
y puede ser usada solamente bajo licencia.
Las citas bíblicas señaladas con LBLA se tomaron de la Santa Biblia,
La Biblia de Las Américas. © 1986 por The Lockman Foundation.
Usadas con permiso.

Producto 496966 • ISBN 0-7899-1925-7 • ISBN 978-0-7899-1925-0

Impreso en Colombia
Printed in Colombia

Categoría: Vida cristiana /Crecimiento espiritual /Oración
Category: Christian Living /Spiritual Growth/ Prayer

Contenido

Prefacio

Después de sufrir una gran desilusión y dolor emocional, un hombre joven que en una ocasión había conocido a Dios se encontró confundido, desorientado y lejos de la casa de su padre.

—Parecía extraño —testificó luego—, encontrarme en estado de embriaguez, afectado por las drogas, rechazando al Dios de mi niñez y juventud. Una parte de mí amaba y deseaba a Dios y creía que sus caminos eran correctos, mientras que otra parecía no ser capaz de encontrar la luz al final del túnel.

»En varias ocasiones, recordaba la voz clara y suave del Espíritu Santo, haciéndose escuchar por encima del estruendo de la música alta y los sentidos dormidos por la marihuana. '¿Por qué estás haciendo esto?' (Yo sabía que la pregunta era para mí, Él conocía muy bien mi confusión.) 'Sabes que este no es quien tú eres en realidad. Me perteneces y no te voy a dejar ir', el Espíritu Santo me recordaba con gentileza estas cosas una y otra vez. Me asombraba que Él me siguiera a esos lugares.

»En ocasiones abandonaba el bar y caminaba un rato, drogado, sin embargo, lo hacía en comunión con el Dios que no me iba a dejar ir. Por un tiempo seguí corriendo a ciegas por el laberinto de mi confusa condición, recibiendo dolor tras dolor y desilusión tras desilusión.

»Entonces un día, el amor de Dios que no podía negar me alcanzó y chocó contra todos mis temores y fachada. Otro hijo pródigo recobró sus sentidos, encontrándose con el amoroso abrazo del Padre celestial, cuyo determinante amor fue mayor que el odio de Satanás y su aparente yugo indestructible.

Yo conozco muy bien la historia de este hombre. Puedo llenar todos los vacíos y leer entre las líneas. Comprendo su confusión, puedo identificarme con su dolor y conozco el sobrecogedor poder del amor y la gracia de Dios que él experimentó. Sé, todas estas cosas porque ese joven era yo.

Por eso es que estoy muy emocionado con este libro. Creo en la esperanza que hará renacer en miles de personas. Es un libro de fe para el preocupado, cansado, guerrero intercesor que lucha por mantenerse creyendo. Es un manual de motivación para los padres con el corazón quebrantado que se han preguntado miles de veces, a través de millones de lágrimas condenatorias: "¿Qué hice mal?"

Es un libro que además de revivir la esperanza consoladora, dejará al lector con una estrategia clara y confiable, de una oración que prevalece y una acción efectiva.

Creo que Dios es mayor que la rebelión.

Creo que el amor del Padre es más fuerte que el dolor del hijo pródigo.

Creo que el Espíritu Santo puede alcanzar a cualquier miembro que huye de la familia.

Creo que la espada del Espíritu es más afilada y más poderosa que el aguijón de la serpiente.

Creo que las inactivas semillas de verdad, aunque dormidas como en el invierno, un día brotarán en el terreno de la decepción y producirán el fruto de la vida.

Creo en el poder de la oración.

¡Y yo creo que los hijos pródigos están regresando a casa!

Lee este libro. Fue escrito para ti. A medida que lo hagas, te reirás, llorarás, orarás y te regocijarás. Pero sobre todo, al terminarlo tendrás una fe renovada en el Padre y una esperanza para el hijo pródigo. Tus oraciones serán poderosas, tu fe será renovada y por último, tu corazón quebrantado será sanado.

Gracias, Quin y Ruthanne, por este don invaluable para los creyentes en todas partes. Sin duda llevará mucho fruto. Pero yo creo que el mayor agradecimiento proviene del Padre celestial que va a usar este libro para traer a muchos miles de hijos pródigos de regreso a su amoroso regazo.

¡Que su deseo sea vuestra mayor recompensa!

Dutch Sheets
Colorado Springs, CO

Reconocimientos

Un agradecimiento especial a:

Billie Baptiste de Regal Books, a quien se le ocurrió el tema de este libro; Doris Greig, esposa del presidente de Gospel Light, quien fue nuestra animadora desde el primer momento que ella escuchó el título; Bill Greig III, Kyle Duncan y Deena Davis de Regal, quienes creyeron en este proyecto y lo ayudaron a través del proceso de publicación.

El Pastor Peter Lord de Titusville, Florida, quien oró con nosotros (Quin y LeRoy) por nuestros hijos durante sus años difíciles y quien nos enseñó mucho con su propio ejemplo mientras él oraba y creía por sus propios hijos pródigos.

Mi esposo LeRoy, y mis hijos, Quinett, Keith y Sherry, por su constante apoyo y oración por este libro.

Agradezco mucho a John Garlock por darnos a Ruthanne y a mí el tiempo para escribir en "Angelwing" su hermosa casa de madera en las colinas del campo de Texas. Sus intensas oraciones y consejos fueron especiales.

Un agradecimiento extraordinario a las mujeres y hombres que compartieron con nosotras las historias de sus propias luchas por sus hijos pródigos. Sin ellos este libro no hubiera podido ser escrito. A nuestros intercesores, quienes se mantuvieron en oración con nosotras a través de cada fase de este proyecto, que Dios les recompense.

Y a nuestro Señor Jesucristo, quien siempre hace que nosotros triunfemos, sea a Él el honor, la gloria y la alabanza por siempre. Amén.

Quin Sherrer

Introducción

Hijos pródigos en tu familia.

¿Nunca los tuviste? Entonces dale gracias a Dios, y ora por tus amigas que los tienen.

Mis tres hijos menores fueron hijos pródigos. Pero Dios nos enseñó a mi esposo LeRoy y a mí en oración muchas lecciones valiosas. Aprendimos a arrebatarlos del campo enemigo y traerlos de regreso al reino de Dios. A causa de esas enseñanzas, nosotros podemos ofrecer esperanza a aquellos que aún oran, creen y esperan para que sus hijos pródigos se arrepientan, ya sean niños, padres, hermanos, tías y tíos.

Justo hoy leí de nuevo la Escritura que tengo puesta al lado de mi cama: "... *mas para Dios todo es posible*" (Mateo 19:26). Ese verso me sostuvo una y otra vez cuando mi fe flaqueaba.

Cuando comenzamos nuestra aventura de oración por nuestros hijos pródigos, no había mucho escrito sobre cómo orar por aquellos que les habían dado la espalda a los planes y propósitos que Dios tenía para sus vidas. Eso nos dejó investigando las Escrituras y pidiéndole al Espíritu Santo que nos enseñara; y nos llevó a LeRoy y a mí a orar juntos a diario y en acuerdo por nuestros hijos y sus amistades. Hoy, todos están sirviendo a Dios y juntos estamos de pie en la brecha de oración por cinco pequeños (nuestros nietos), que fluctúan entre las edades de dos y cinco años.

"Los hijos pródigos están regresando a casa en grandes cantidades" –anunció nuestro pastor Dutch Sheets, al cambiar el año. Y está sucediendo. En meses recientes, familiares por los que hemos orado por muchos años han dado un cambio y han regresado al Dios de su juventud.

Durante el tiempo que estuvimos orando por nuestros propios hijos pródigos, yo leí y una y otra vez la parábola de Jesús del hijo pródigo (Lucas 15). También aprendí que en el siglo diecisiete, el artista holandés Rembrandt hizo una pintura al óleo que representó esta historia tan conocida. Yo deseaba verla, pero estaba guardada entre miles de artefactos en el Museo de Hermitage en St. Pertersburgo, Rusia.

Hace unos pocos años, me encontré en Hermitage, de pie, paralizada mientras estudiaba *"El Regreso del Hijo Pródigo".* La inmensa pintura de ocho pies de alto por seis pies de ancho, presenta a un padre abrazando a su hijo que acaba de regresar a la casa. Con manos fuertes que descansan sobre los hombros del jovencito harapiento que está de rodillas, el padre es el foco central. La luz natural de la ventana cercana aumenta el sorprendente contraste de colores, un trasfondo oscuro, abundantes rojos, marrones y toques amarillos.

A medida que estudiaba el semblante del padre, las lágrimas nublaron mi visión. Parecía que Dios mismo me estaba dando un mensaje personal tranquilizador. *Yo te amo, incluso más, que lo que este padre ama a su amado hijo que estaba perdido,* Dios dijo a mi corazón. *Añoro darles la bienvenida al hogar a tantos otros de mis hijos pródigos.* De inmediato sentí una nueva comisión de orar con más frecuencia por aquellos que no conocen a Dios como su amoroso Padre celestial.

Cada vez que veo una copia de esta pintura, soy atraída de nuevo al amor en los ojos del padre. Quizás tu experiencia es como la mía: Tú *nunca* puedes recordar el momento en que tu padre puso sus brazos alrededor de tus hombros o te dio regalos o sirvió una mesa en tu honor o te dio la bienvenida al hogar. Pero Dios, nuestro Padre celestial, siempre con sus brazos abiertos, desea darle la bienvenida a cualquier persona que quiera aceptar su amor y abrazo.

Cuando regresen los hijos pródigos por los cuales estás orando, qué fiesta de ¡bienvenido al hogar! puedes dar. Recuerda que la batalla es del Señor. Él es quien los está llamando al hogar. Nosotros solo alineamos nuestras oraciones con su voluntad y propósito.

Oro porque este libro, un compañero de *Cómo orar por los hijos*, te anime y te rete a nunca dejar de orar.

Espero que seas inspirado a creer y a esperar tu milagro a medida que lees las historias de otros intercesores que comparten sus derrotas, victorias, estrategias, esperanzas y promesas de parte de Dios por sus hijos pródigos.

Quin Sherrer

Prólogo

La historia de un hijo perdido

Un hombre tenía dos hijos. El menor de ellos le dijo al padre: *"Padre, dame la parte de los bienes que me corresponde"*. Y él estuvo de acuerdo en dividir sus bienes entre sus hijos. No muchos días después, el hijo menor, juntándolo todo, partió a un país lejano, y allí malgastó su herencia viviendo perdidamente. Cuando lo había gastado todo, vino una gran hambre en la región y comenzó a pasar necesidad. Entonces se acercó a un ciudadano de aquel país y le pidió empleo y él lo mandó a sus campos a cuidar cerdos. El joven estaba tan hambriento que deseaba llenarse el estómago de las algarrobas que comían los cerdos, pero nadie le daba nada.

Por fin recapacitó y dijo: "¡Cuántos de los trabajadores de mi padre tienen pan de sobra, pero yo aquí perezco de hambre! Me levantaré e iré a mi padre, y le diré: 'Padre, he pecado contra el cielo y ante ti; ya no soy digno de ser llamado hijo tuyo; hazme como a uno de tus trabajadores'". Y levantándose, fue a su padre. Y cuando todavía estaba lejos, su padre lo vio y sintió compasión por él, y corrió, se echó sobre su cuello y lo besó. Y el hijo le dijo: "Padre, he pecado contra el cielo y ante ti; ya no soy digno de ser llamado hijo tuyo". Pero el padre dijo a sus siervos: "Pronto; traed la mejor ropa y vestidlo, y poned un anillo en su mano y sandalias en los pies; y traed el becerro engordado, matadlo, y comamos y regocijémonos; porque este hijo mío estaba muerto y ha vuelto a la vida; estaba perdido y ha sido hallado". Y comenzaron a regocijarse.

Y su hijo mayor estaba en el campo, y cuando vino y se acercó a la casa, oyó música y danzas. Y llamando a uno de los criados, le preguntó qué era todo aquello. Y él le dijo: "Tu hermano ha venido, y tu padre ha matado el becerro engordado porque lo ha recibido sano y salvo". Entonces él se enojó y no quería entrar. Su padre salió y le rogó que entrara, pero él le respondió: "Mira, por tantos años te he servido y nunca he desobedecido ninguna orden tuya, sin embargo, nunca me has dado un cabrito para regocijarme con mis amigos; pero cuando vino este hijo tuyo, que ha consumido tus bienes con rameras, mataste para él el becerro engordado".

Y él le dijo: "Hijo mío, tú siempre has estado conmigo, y todo lo mío es tuyo. Pero era necesario hacer fiesta y regocijarnos, porque éste, tu hermano, estaba muerto y ha vuelto a la vida; estaba perdido y ha sido hallado".

Lucas 15:11-32

CAPÍTULO UNO

Cómo se crea un pródigo

*Poco después el hijo menor juntó todo lo que tenía
y se fue a un país lejano; allí vivió desenfrenadamente
y derrochó su herencia.*

LUCAS 15:13

*El relato del hijo pródigo es la historia de un Dios
que sale en busca de mí y que no descansa hasta encontrarme.
Él me urge y me ruega. Me pide que cese de aferrarme
a los poderes de la muerte y que me deje abrigar por
los brazos que me llevarán al lugar donde
encontraré la vida que más deseo.1*

HENRI J. M. NOUWEN

S i eres un padre que está orando por su pródigo, conoces la angustia que se siente al observar al hijo que amas profundamente, alejarse del amor de Dios. Pero ¿te has detenido alguna vez a considerar el dolor del corazón de Dios por sus hijos pródigos?

Adán y Eva, los hijos que al principio Dios Padre creó, le desobedecieron, escogiendo creer la mentira de la serpiente por encima de la verdad que Él les había entregado. Luego la nación de Israel, el pueblo escogido por Dios, también lo desobedeció. Jesús fue traicionado por Judas; Pablo fue abandonado por Dimas. A través de las Escrituras, vemos la preocupación de Dios por sus hijos pródigos y su esfuerzo por atraerlos de regreso.

¿Y qué de los hijos pródigos de hoy? Escuchamos de muchos padres que no solo enfrentan el dolor causado por un hijo pródigo, sino la agonía de tomar decisiones difíciles sobre cómo lidiar con las crisis. Por ejemplo:

- Una hija de 16 años de edad está embarazada, y los padres no pueden ponerse de acuerdo en si le deben permitir que se haga un aborto.

- Un hijo pródigo regresa a casa sin arrepentirse y poco tiempo después trae su nueva novia al hogar, esperando que ella pueda pasar la noche con él.

- Una jovencita alejada de su crianza cristiana, es atrapada en una carrera donde hace mucho dinero, luego termina en la cárcel con cargos de fraude.

- El hijo de un misionero lucha con su desviación sexual, como consecuencia de haber sido acosado sexualmente por un extraño que pensaba quería ser su amigo.

- Padres devotos de una hija muy talentosa, descubren que es adicta a las drogas a la edad de 15 años. Ellos practican un amor severo al ponerla en un programa de disciplina estricta de rehabilitación, y ella sale libre de las drogas.

Por supuesto, cada cual tiene que dar cuenta de sus propios errores al escoger revelarse y huir de Dios. Pero el problema fundamental de todos los hijos pródigos es que no perciben a Dios como un Padre celestial amoroso y benevolente. A causa de la distorsión de las cosas divinas y de la perspectiva que se tiene, a menudo estas personas sienten amargura hacia Dios, culpándolo por la mayoría de sus problemas. Satanás engañó a Eva en el huerto al convencerla de que Dios no era confiable. El engaño sigue siendo hoy la táctica más efectiva del enemigo, como es evidente por el enorme número de hijos pródigos cuyos nombres llenan nuestras listas de oración.

Las consecuencias del abuso

¿Acaso el enemigo ataca específicamente a ciertos hijos? A menudo parece ser así. Los hijos de los ministros, y aquellos con un fuerte sentido del llamado de Dios en sus vidas a una edad temprana son particularmente vulnerables.

Alicia, la hija de Joyce, es un ejemplo de esto. Alicia aceptó a Jesús como su Salvador cuando tenía solo tres años de edad y era la imagen perfecta de una niñez libre, inocente y espontánea. A medida que crecía, era evidente que tenía un don especial para la música, el arte y el baile. Parecía que le añadía un toque de belleza a todo lo que hacía. Pero debido a su carácter tan fuerte enfrentó una lucha por el poder con su padre desde una tierna edad.

"Mi esposo era como un barril de pólvora, se enojaba con frecuencia a causa de las raíces de su crianza, y nunca se relacionó bien con Alicia" –cuenta Joyce.

"Él abusaba de ella verbal y emocionalmente. A veces ella le decía que lo odiaba, pero con el tiempo, aprendió a imitarlo y ventilar el enojo y la ira a la menor provocación. Nos divorciamos cuando Alicia tenía diez años de edad. Siempre supe que ella tenía un llamado especial en su vida, fuimos muy cercanas. Pero a la edad de trece años ella comenzó a resistir las cosas del Señor y se puso en mi contra. Este fue el comienzo de su viaje como hija pródiga, marcado por su contrariedad verbal, malas palabras, exabruptos airados y bebidas alcohólicas. En un momento dado, fue hospitalizada debido a tendencias suicidas."

Cuando tenía quince años, un pastor de jóvenes abusó de ella sexualmente, y poco tiempo después otros dos hombres hicieron lo mismo. Ella se relacionaba más con los hombres que con las mujeres, pero sentía que solo se interesaban en ella por el sexo, así que se sentía aislada, enojada y temerosa.

De los 17 a los 20 años, Alicia vivió sin control y se volvió sexualmente promiscua. Aunque no le dio la espalda por completo a Dios, estaba enojada con Él, sintiendo que le había fallado por no protegerla del abuso. Joyce insistía en que Alicia viera a un consejero cristiano que la ayudara a hallar formas apropiadas para expresar su hostilidad. Pero su comportamiento no cambió.

A la edad de 20 años, cuando su promiscuidad sexual estaba en la cima, Alicia fue a un médico a causa de síntomas que la molestaban y la asustaban. Después de varios exámenes, el médico la llamó para darle noticias no muy buenas, diciéndole que tenía que regresar para hacerse otros análisis. Esa llamada de aviso devastó a Alicia. Temiendo que su vida fuera acortada, ahora veía a su mamá como a su amiga y defensora, no como su enemiga, y le pidió que llamara a sus compañeras de oración para orar.

"Mi amiga y yo hemos orado durante años por esta rebelde para que renuncie a su enojo y para que Dios le revele su amor a ella –dijo Joyce–. Esta crisis de salud fue el punto de regreso. Pocas semanas después fui con ella al hospital cuando tuvo que someterse a dos exámenes médicos dolorosos para localizar el problema de forma más específica. Asombrosamente, en esta ocasión los análisis regresaron con un buen resultado: 'No hay nada malo –le aseguró la enfermera–. Solo debes regresar en seis meses para examinarte de nuevo'.

"Estamos convencidas de que Dios sanó a Alicia de forma sobrenatural de esta enfermedad. Después de experimentar su increíble misericordia y gracia, al fin pudo ver a Dios de forma diferente, como a un padre que la amaba a pesar de su rebelión. Ella rompió con toda relación impura y comenzó a leer la Palabra y a pedirme que leyera con ella; ahora asiste a la iglesia regularmente. Alicia está viviendo este cambio de corazón y tratándome con respeto y afecto. También ha perdonado a su papá y a todos los hombres que la han usado y desencantado. Hace poco, compró un anillo para usarlo como recuerdo de su promesa: 'Nada de relaciones sexuales hasta que me case'.

Por supuesto, cada hijo pródigo es responsable por sus decisiones. Nosotros no creemos que Dios permitió que Alicia tuviera síntomas de una enfermedad seria solo por ser rebelde. Pero Él sí dejó que esas cosas sucedieran, mientras todo el tiempo estaba llamándola para que volviera su corazón hacia Él.

Los brazos de Dios están siempre extendidos

¿Qué significa para ti la palabra "pródigo"? Su raíz es de origen latino "prodigus", significa "desechable" o "extravagante", y no aparece en las Escrituras. Ella describe el comportamiento del hijo menor de un padre adinerado y así la historia llegó a ser titulada como "La parábola del hijo pródigo". Pero puede de forma más específica ser llamada "La parábola del hijo perdido".

La historia abarca el final y es el segmento más largo de una parábola en tres partes en la que Jesús describe a la oveja perdida, la moneda perdida y el hijo perdido. La oveja se perdió porque estaba deambulando sin tener un punto fijo a donde ir. La moneda se perdió dentro de la casa a causa del descuido o preocupación de su dueña. Pero el hijo, que le causó una profunda tristeza a su padre conscientemente, se perdió debido a su propia conciencia y acción deliberada.

¿Cuántos de nosotros, en un momento u otro, hemos tenido una imagen distorsionada del amor de Dios?

¿Cuántos, en un momento u otro, hemos sostenido una imagen distorsionada del amor de Dios?

Cada ejemplo comunica de forma clara el deseo de Dios de "*busca*r y salvar lo que se había perdido" (Lucas 19:10). Jesús es representado como el pastor que busca y encuentra la oveja perdida, como la mujer que busca y encuentra la moneda perdida, y como el padre que se regocija cuando su hijo perdido regresa al hogar. Jesús cuenta la parábola como respuesta a la queja de los fariseos con respecto a "*recibir a los pecadores y comer con ellos*" (Lucas 15:2). Mientras que estos líderes religiosos tenían la intención de castigar a los pecadores, el propósito de Jesús era, y aún es, redimirlos.

¿Cuántos, en un momento u otro, hemos sostenido una imagen distorsionada del amor de Dios? El autor Philip Yancey revela que en su propia crianza legalista su concepto de lo que en realidad significa la gracia no encajaba con esta parábola:

Cuán diferentes son estas historias de la noción de mi propia niñez en cuanto a Dios: un ser que perdona, pero a regañadientes, después de hacer que el penitente se retuerza. Me imaginaba a Dios como una figura distante entre rayos, que prefiere el temor y respeto al amor. En cambio, Jesús habla de un padre que se humilla en público al correr hacia el hijo que despilfarró la mitad de su fortuna y lo abraza. No hay un regaño solemne: "¡Espero que hayas aprendido tú lección!" Al contrario, Jesús cuenta acerca de la emoción del padre: "...Este hijo mío estaba muerto, pero ahora ha vuelto a la vida; se había perdido, pero ya lo hemos encontrado", y luego añade la frase optimista: "Hagamos fiesta".

☞Lo que impide el perdón no es el silencio de Dios sino el nuestro. Los brazos de Dios siempre están extendidos; nosotros somos los que los esquivamos.

Un ama de casa que da brincos con gran alegría al descubrir la moneda perdida, no es lo que me viene de forma natural a la mente cuando pienso en Dios. Sin embargo, esa es la imagen en la que Jesús insistía.[2]

¿Qué crea un hijo pródigo?

De todas las parábolas que Jesús contó, la historia del hijo pródigo se encuentra entre las más conocidas. Incluso escritores seculares usan el término cuando se refieren a una persona que abandona los valores de su crianza para ir tras un estilo de vida insensato y libertino.

En el relato bíblico, el padre no parece ser deficiente. Pero al menos hay tres elementos que influyeron al hijo menor:

Su *impaciencia,* él no estaba dispuesto a esperar por su herencia.

Su *egoísmo,* estaba más interesado en sí mismo que en honrar a su padre.

Su *deseo de aventuras,* el país lejano era más emocionante que el hogar familiar.

Hace poco almorzamos con Terry, una amiga que compartió las luchas que tuvo con su hijo pródigo, Jason. Él creció amando al

Señor, pero en la escuela secundaria se vinculó a una pandilla. Como resultado de mucha oración, abandonó la pandilla, pero su vida estaba en peligro cuando los otros miembros amenazaron con vengarse. Por varias semanas vivió con unos amigos en otra ciudad. Con la esperanza de encaminar su vida, se matriculó en una escuela bíblica, pero pronto lo echaron por fumar y regresó a la casa.

—Entonces, ¿cómo lo está pasando él ahora? —preguntamos.

—Bueno, se supone que está buscando empleo, pero le resulta difícil porque nunca terminó la escuela superior o el examen equivalente al cuarto año —nos dijo.

Él tiene un recorte de pelo tipo indio Mohawk, color naranja, pasa el tiempo con muchachos en el salón de billar y en ocasiones trae a la casa a uno de ellos. Hace poco, me inquieté porque se quedó despierto toda la noche en su cuarto con uno de sus amigos, pero al siguiente día me dijo que había llevado al muchacho al Señor. Él viene a la iglesia con sus cabellos anaranjados, muchos aretes, cadenas y candados alrededor del cuello, casi como un reto para ver cómo lo reciben. Es increíble el efecto positivo que ha tenido cuando alguien lo recibe con un abrazo. Muchas veces se queja de que la gente en la iglesia es muy inconstante, pero lo llamo a la reflexión y le digo: 'Jason, yo te sigo amando y te ayudo, a pesar de que con mucha frecuencia me desobedeces y deshonras. Así que, ¿quién es el hipócrita?'

Terry está confiando en Dios, cada día recibe sabiduría para tratar con Jason. Ella le ha señalado una fecha límite para que consiga trabajo y le ha ofrecido ayudarle a comprar un automóvil para que se movilice hasta el trabajo. Pero ella solo igualará la cantidad de dinero que él ahorre.

—Yo sé que él tiene el llamado para ser líder —nos dijo ella—, pero el enemigo lo ha engañado en muchas áreas. He aprendido la importancia de orar la Palabra de Dios sobre él en lugar de solo 'orar por el problema'. Tengo la confianza de que se cumplirá el propósito que Dios tiene para él.

Como lo ilustra la historia de Jason, la falta de disposición para aceptar cualquier forma de autoridad es un rasgo común que lleva a la rebelión. De las muchas personas que han compartido con nosotras sus historias de hijos pródigos, compilamos una lista de varios factores que contribuyen a que se vayan:

- Expectativas falsas de los padres o familiares.

- El fracaso de los padres al no cumplir sus promesas a los hijos.

- Padres ausentes, crueles o desinteresados.

- La hipocresía de los padres o la comunidad de la iglesia.

- Sienten que la iglesia no llena sus expectativas y necesidades espirituales.

- Enojo por las injusticias que ellos ven en la familia, iglesia, comunidad o gobierno civil.

- Sentimiento de rechazo.

- El trauma del divorcio.

- Una autoestima baja y sentido de insuficiencia.

- Rivalidad entre hermanos.

- Presión de los amigos.

- Falta de aceptación por las amistades.

- Pobreza (percibida o real).

- Poca atención de los padres por exceso de trabajo, en especial el padre.

- El deseo de hacer lo suyo, sin restricción de los padres.

- Abuso en la niñez (emocional, físico o sexual).

- Adicción de todo tipo (pornografía, juego, bebida, drogas, sexo, etc.).

Cómo alentar la búsqueda

No importa lo crítica que se presente la situación, las buenas noticias son que los rebeldes con un antecedente cristiano fuerte, por lo general regresan al hogar en algún punto de sus vidas. La investigación en este tema es limitada, pero el doctor James Dobson, fundador de *"Enfoque a la Familia"*, condujo una encuesta de 35.000 padres en cuanto a la aceptación de sus hijos sobre los valores cristianos con los cuales fueron criados. Él reportó lo siguiente:

Cincuenta y tres por ciento de los hijos más testarudos y rebeldes, con el tiempo regresan categóricamente a los valores de sus padres. Cuando ese número se combina con aquellos que están "de alguna manera" aceptando la perspectiva paterna, significa que 85% de esos individuos testarudos e independientes con el tiempo se inclinarán hacia el punto de vista de los padres, para cuando superen la adolescencia. Solo 15% son tan obstinados que rechazan todos los valores familiares, y estoy seguro que en la mayoría de esos casos hay otros problemas y fuentes de dolor.

Lo que esto significa, en efecto, es que esos muchachos de mente difícil molestarán, lucharán y se quejarán durante sus primeros años en el hogar, pero la mayoría regresarán como adultos jóvenes y harán lo que sus padres más desean. Si pudiéramos evaluar a estos individuos a los treinta y cinco años de edad, en lugar de hacerlo a los veinticuatro, la minoría estarían aún en rebelión contra los valores de sus padres.[3]

Tom Bisset, un locutor de radio cristiano, decidió hacer una encuesta que tenía como propósito entrevistar a una amplia variedad de personas que se habían convertido en "marginados de la fe". Algunos de ellos han regresado; otros estaban pensándolo. Pero a través de este estudio, Bisset encontró cuatro razones principales de por qué los muchachos cristianos abandonan la fe:

1. Tienen preguntas sin respuesta acerca de su fe. No están dispuestos "solo a creer", optan por "honestidad intelectual". Para eso creen que tienen que dejar atrás su fe de la niñez a fin de encontrar las verdaderas respuestas en el mundo real.

2. La fe no funciona para ellos. Desilusionados con la iglesia y sus compañeros cristianos, y en fin de cuentas con Dios, optan por la rebeldía; simplemente no pueden seguir más así.

3. Otras cosas en la vida se hacen más importante que su fe. Preocupados por los negocios, placeres, ambiciones materiales, problemas personales u otras realidades difíciles, su fe, que era en un tiempo algo principal, se vuelve secundario.

4. Nunca practicaron una fe individual. Cuando estos bien intencionados practicantes del cristianismo "tipo robot" se enfrentaron con una experiencia que les desbastó la vida u otra crisis de fe, no sabían lo que creían, o si en realidad creyeron en algún momento.[4]

En las entrevistas que Bisset hizo a hijos pródigos que habían regresado, muchos dijeron que la fe firme de sus padres fue en parte lo que les hizo volver. Uno dijo: "Dos cosas en mis padres me modelaron a Dios: 'amor y verdad'. Estoy seguro que fue parte de la razón por la cual regresé a mi fe". Otro expresó: "No importa lo que sucede en tu vida, cuando eres criado en un hogar cristiano, tienes la verdad de Dios dentro. Con el tiempo sale a la superficie y te trae de regreso. En realidad es lo que deseas".[5]

Pródigos en potencia

Abram, un joven de 17 años de edad, ahora estudia soldadura en una escuela vocacional, es un ejemplo de un hijo pródigo en potencia que regresó cuando se dio cuenta de que estaba en camino a un gran problema. Criado por padres piadosos, fervientes en la oración, sabía que tenía pocas posibilidades de seguir por más tiempo con su rebelión. Era un adepto ladrón de tiendas desde el sexto al noveno grado.

–Robar era bien visto por casi todos, la mayoría de los muchachos que yo conocía lo hacía. Nosotros íbamos a una tienda y comprábamos una barra de caramelo. Entonces echábamos caramelos en nuestra ropa, salíamos y los comíamos mientras planeábamos cuál sería el próximo lugar que robaríamos. Era como una adicción.

Cuando Abram estaba en noveno grado, llegó a la casa con un par de espejuelos de sol muy caros, sus padres se preocuparon y lo confrontaron. Tiempo después él y otros amigos subieron al techo de un edificio bancario vacío y comenzaron a explorar. Un guardia de seguridad pensando que iban a pintar grafito en las paredes, los apresó y llamó a la policía. Mientras los estaban llevando a la estación, el agente los regañó y los atemorizó. Sin embargo, fue misericordioso y no los acusó, aunque dos de los muchachos llevaban cuchillos de caza.

Abram cuenta el regaño del policía y el que recibió de sus padres por los espejuelos de sol robados, como una llamada de alerta.

–Siempre supe que mis padres me amaban sin condición y no deseaba decepcionarlos –dijo–. Además tenía una maestra que me ayudaba con mis tareas después del colegio y a veces visitaba mi casa los sábados para darme tutoría. A cambio, yo sacaba heno para sus caballos. Ella creía en mí, y no deseaba decepcionarla.

Abram nunca ve a sus antiguos amigos ya que fue transferido a otro colegio. Ahora él y sus nuevos amigos se reúnen para orar en lugar de escaparse a robar. La oración y el amor sin condiciones ayudó a cambiar a un hijo pródigo en potencia, en un jovencito que desea servir de todo corazón a Dios.

La pobreza la hizo vulnerable

Bárbara es una madre que sufrió años de decepción y abuso a manos de su esposo antes que su matrimonio terminara en divorcio. Esto hizo que perdiera su casa y la mayor parte de sus posesiones, pero también perjudicó su relación con su hija adolescente, Carlyn. Ella y Carlyn se mudaron a otro estado para comenzar de nuevo.

"Después de mudarnos, comencé a asistir a un grupo de oración los lunes por la noche y comencé a interceder por mi hija –dice Bárbara–. Carlyn me detesta, me culpa por la pobreza que sufrimos y, además, odia la iglesia. Ella se graduó de la escuela superior temprano y luego se escapó al Canadá para convertirse en modelo."

En Canadá ella se unió a Robert, un adinerado mujeriego que la convenció de que lo acompañara a Europa y alrededor del mundo, prometiéndole conexiones para su carrera de modelo. Incluso le sugirió la posibilidad de un matrimonio.

"Carlyn era una hija pródiga por decisión, que buscaba el estilo de vida de la riqueza y la fama. Ella vivió en Francia y tenía su propio helicóptero para viajar de pueblo en pueblo; dejó a Robert una vez, pero luego él la convenció de que volvieran. Después de esto, Carlyn comenzó a llamarme desde Inglaterra, Irlanda, Francia y varios otros lugares de Europa, rogándome que oraran por ella. Robert se había vuelto adicto a la cocaína y la maltrataba físicamente. Ella no tenía a nadie a quien pedirle ayuda, ya que él le pagaba a los empleados del hotel y a la policía. Él le quitó toda su ayuda y la tenía literalmente presa".

Durante meses, el nuevo esposo de Bárbara y su grupo de intercesión se unieron en una batalla de oración por Carlyn. Las frenéticas llamadas telefónicas continuaron.

"Yo derramé muchas lágrimas por mi hija perdida, con tanto temor por lo que pudiera sucederle a ella –dijo Bárbara–. Para entonces, Ruthanne Garlock visitó nuestro grupo de oración una noche. Ella oró conmigo por Carlyn, para que fuera liberada y me animó a no darme por vencida. Poco tiempo después cuando llamó mi hija, Dios me guió a decirle que vendiera sus joyas, si era necesario, para tener algún dinero y poder huir".

Carlyn lo hizo, pero Robert la sorprendió y la golpeó con violencia. Él le pagó a la policía para que la amenazara, y luego notificó a los aeropuertos de que ella era contrabandista de drogas y debía ser detenida si trataba de salir del país. Pero a través de muchos milagros, Dios le concedió a Carlyn escapar. Robert y sus agentes sencillamente le perdieron la pista, y ella pudo viajar a Chicago.

"Ella sufrió una terrible persecución en el aeropuerto ya que las autoridades pensaron que en realidad era una traficante de drogas –cuenta su mamá–. Pero como no pudieron encontrar ninguna evidencia, tuvieron que dejarla en libertad. Esas oraciones y lágrimas trajeron a mi hija de regreso después de años de abuso. Aunque Carlyn no ha entregado su vida por completo a Dios, sabe que su libertad es un milagro. Ahora trabaja en una oficina, enseña modelaje a tiempo parcial y está viviendo en nuestra casa en lugar de una mansión en Francia. El que ella viva con nosotros es un milagro, porque tenemos tan poco según la medida del mundo. De seguro Dios se está moviendo, y sé que es cosa de tiempo antes que Carlyn regrese a su Padre celestial de todo corazón. Nunca dejaré de orar y luchar por ella."

El enemigo tiene muchas estrategias para hacer pródigos de los hijos de Dios. Pero en lugar de permitir que la sorpresa y el desespero nos venzan cuando ellos se fugan, podemos responder con estrategias de oración para reclamarlos y acercarlos al hogar.

Frutos en medio de la desolación

En algunos casos, experiencias traumáticas pueden abrumar a tal grado a las personas jóvenes que su fe en Dios sufre un revés tremendo. Sam, un joven de dieciséis años de edad, es un ejemplo de esto. Su mamá escribió esta narración de los acontecimientos que llevaron a su hijo a convertirse en un pródigo.

Una noche, mi hijo y yo oramos juntos mientras dejábamos la casa para ir a un rodeo en su escuela superior. El caballo de Sam estaba comportándose de manera muy extraña esa noche y escapó mientras él le quitaba la cuerda. Galopó todo el camino hasta la carretera con Sam corriendo tras él. Con horror, Sam vio sin poder hacer nada cómo el caballo se cruzaba en el camino de un automóvil.

El jovencito que estaba manejando no pudo evitar darle al caballo. La novia del conductor, Sabrina, murió en la carretera con Sam arrodillado a un lado de ella y el novio en el otro lado. Oré con la mamá de Sabrina en la escena del accidente. Ellos eran una familia cristiana fuerte, y no presentaron una demanda. Pero en los meses siguientes, Sam no pudo manejar la catástrofe. Enojado con Dios, se volvió a las drogas.

Varios años antes, Dios me había hablado por medio de Isaías 55:13,14 "En vez de zarzas, crecerán cipreses; mirtos, en lugar de ortigas. Esto le dará renombre al Señor; será una señal que durará para siempre". En el momento, no comprendí lo que significaba. Pero luego entendí que teníamos que confiar en Dios para traer frutos de un lugar desolado en la vida de Sam. Otras palabras proféticas fueron dichas sobre Sam y ahora teníamos que aceptarlo por fe.

Para el otoño, unos pocos meses después del accidente, supimos que Sam estaba fracasando en el colegio, con tendencias suicidas y nos estaba sacando de sus vidas. En la primavera, los oficiales del colegio iniciaron un careo con nuestro hijo sobre las drogas. Trabajamos con consejeros y nos enfrentamos a Sam en las batallas diarias, según Dios nos dirigía.

En lo espiritual, nos sostuvimos en las promesas que Dios nos había dado y las confesábamos a diario. Oramos sobre el lugar donde el camión de Sam estaba estacionado y en su habitación, poniendo telas ungidas con oración sobre él. No importaba lo que Sam hiciera (e hizo mucho) nosotros confesábamos lo que Dios decía, y oramos por protección sobre él y cualquiera que entrara en contacto con él.

Durante un año y medio parecía que Dios guardaba silencio. Un día cuando estaba clamando, le pregunté: "Señor, ¿por qué no me hablas?"

Él me dijo: *Te he dado todo lo que necesitas para luchar, párate firme en ello.*

En ocasiones lloraba y mi esposo hablaba en voz alta las palabras de Dios sobre mi hijo; otros días lo hacíamos a la inversa. Pero nunca caímos juntos al abismo. En varias ocasiones pensé: *No puedo continuar.* Entonces la esposa de nuestro pastor se presentó, me sostuvo y me hizo repetir: "Mi confianza está en Dios". Esas palabras nos sostuvieron en los momentos más difíciles.

De ninguna manera íbamos a comprender o aceptar el desastre, la pérdida o las drogas. Sencillamente teníamos que confiar en Dios y creer en sus promesas.

Dos años después del accidente, Sam se dio cuenta de que no podía graduarse de la escuela superior y tomar drogas. Cuando decidió alejarse de las drogas, comenzó su sanidad. Un año después Sam llevó flores a la tumba de Sabrina, y tuvimos una maravillosa reunión familiar y oramos juntos. Esto parece haber dado fin a la tragedia. Hoy Sam está libre de las drogas y continúa siendo sanado mientras crece en su caminar con el Señor, dando gloria y alabanza al Señor a través de su testimonio.

Judson Cornwall dice esto sobre el papel de Dios como nuestro Padre:

> Como el hijo pródigo, aquellos que abandonan el hogar del Padre son pronto abandonados, olvidados, rechazados y arruinados y lo que parece la senda correcta a su final resulta ser camino de muerte... El hijo pródigo halló misericordia en el corazón del padre cuando regresó, y de igual manera lo encuentra cualquier otro hijo fugitivo; ninguno que regresa es rechazado. El problema no es el perdón y aceptación del Padre, porque eso está garantizado por la promesa, sino lo intrínseco del regreso es aprender a aceptarnos nosotros mismos para caminar como sus hijos en amor. Él sigue siendo padre para el perdido.[6]

No importa qué desaliento o trauma haya llevado a tu hijo a esa situación de pródigo, el amor de Dios nunca dejará de llamarlo al hogar. El Señor comparte tu angustia y ofrece consuelo y paz mientras pones tu confianza en Él.

Oración

Señor, ayúdame a no meditar en todo lo negativo que veo. Dame tu fortaleza para no sentirme indefensa y creer que tú tienes el poder y deseas intervenir en la vida de _____. Perdóname por las cosas

malas que he dicho y he hecho que solo aumentaron el problema.
Muéstrame cómo puedo extender mi amor y perdón a _____
y orar con más efectividad. Gracias, Señor, por tu consuelo. Amén.

Preguntas para meditar

1. ¿Puedo identificar los factores que contribuyeron a que
    mi ser querido se convirtiera en un hijo pródigo?

2. ¿Le he pedido a Dios que me perdone por las formas
    en que pude contribuir a su partida?

Notas:
1. Henri J.M. Nouwen, *The Return of the Prodigal Son* (New York: Doubleday,
    Image Books, 1992), p. 82.
2. Tomado de *What's So Amazing About Grace?* por Philip Yancey. Copyright ©
    1997 por Philip D. Yancey. Usado con permiso de Zondervan Publishing House,
    pp. 46,47.
3. Dr. James C. Dobson, *Parenting Isn't for Cowards* (Dallas: Word Publishing, 1987),
    p. 42.
4. Tom Bisset, *Why Christian Kids Leave the Faith* (Nashville: Thomas Nelson, n.d.;
    Grand Rapids, MI: Discovery House, 1992), pp. 22,23.
5. Ibid., pp. 158, 191.
6. Judson Cornwall, *Let God Arise* (Old Tappan, NJ: Fleming H. Revell, 1982), pp.
    30,31.

CAPÍTULO DOS

Estrategias de oración

No se inquieten por nada; más bien, en toda ocasión, con oración
y ruego, presenten sus peticiones a Dios y denle gracias.
Y la paz de Dios, que sobrepasa todo entendimiento,
cuidará sus corazones y sus pensamientos en Cristo Jesús.

FILIPENSES 4:6,7

Alguien dijo: "es maravilloso y terrible a la vez ser hijo de padres
que oran". Estar fuera de la voluntad de Dios y saber que ellos
están orando por ti a diario, pidiendo que sus peticiones
lleguen hasta la morada del Padre, es vivir es espera
de consecuencias imprevisibles.[1]

TOM BISSET

En cuanto a estrategias de oración se refiere, el Espíritu Santo es maravillosamente creativo dando dirección específica. Después de todo, Dios conoce cada íntimo detalle sobre tu hijo pródigo, y Él sabe exactamente cuál es la estrategia de oración necesaria para que cambie. Pero necesitamos adquirir persistencia y paciencia mientras, como guerreros de oración, esperamos dirección del Señor.

Intercesión, significa "pararse entre" tenemos que ser sorprendidos parados entre Dios y aquél por el cual estamos orando mientras pedimos que Él intervenga. Interceder también significa estar de pie entre Satanás y el sujeto de oración, echando hacia atrás a los espíritus de las tinieblas que evitan que él o ella entiendan la verdad.

Una de las afirmaciones más punzantes que hayamos en las Escrituras es la declaración de Dios: "Yo he buscado entre ellos a alguien que se interponga entre mi pueblo y yo, y saque la cara por él para que yo no lo destruya. ¡Y no lo he hallado!" (Ezequiel 22:30). Dios está haciendo un llamado para que alguien ore e interceda por el pecado de la nación. Su deseo hoy es que nosotros estemos en oración intercesora a favor de aquellos que están alienados por el pecado.

Intercesores que han usado una variedad de técnicas para orar por hijos pródigos han compartido alguna de sus estrategias con nosotros. Aunque no todas las técnicas puedan aplicarse a tu situación, quizás alguna te provea una plataforma bíblica para que la consideres según el Espíritu Santo te dirige.

Oración centrada y compasiva

Una madre testificaba que ella oraba para que Dios bendijera los proyectos de negocios de su hijo pródigo, basándose en este verso: "¿O menosprecias las riquezas de su benignidad, paciencia y longanimidad, ignorando que su benignidad te guía al arrepentimiento?" (Romanos 2:4, RV, 1960). Ahora su hijo llama para pedir oración, y ella de continuo le recuerda la fidelidad de Dios en bendecir su trabajo y darle favor frente a los demás. "A menudo hago oraciones de bendición por mi hijo –dice ella–. Pero también le pido a Dios que remueva esas bendiciones si esta es la única forma de hacer volver el corazón de mi hijo a un compromiso completo con Él."

Hace poco escuché acerca de una mujer muy preocupada por su hermano pródigo que era un vagabundo y vivía bajo un puente en una ciudad cercana. Cuando ella le pidió a su pastor que orara por su hermano, él lo hizo con osadía: "Señor, quítale el sueño y has de su almohada una piedra hasta que él vea la necesidad de regresar a ti". Un grupo de creyentes continuó con esta oración por el hombre durante los próximos meses.

En Navidad la mujer le compró a su hermano una almohada bordada que leía: "El Señor te dará descanso". Cuando ella lo fue a ver debajo del puente y le dio la almohada, él comenzó a llorar.

–Tú no tienes idea lo terrible que ha sido para mí este año –dijo él–. Yo no he podido dormir durante meses. ¿En realidad piensas que Dios puede darme descanso? –Ambos lloraron y oraron juntos mientras este hermano pródigo regresaba a su Padre celestial.

La estrategia de Joan es la de orar por cualquiera que pide un aventón en la carretera. Su hijo lo hacía a lo largo de todo el país durante sus años de hijo pródigo, y por lo general nadie sabía dónde se encontraba él. Ella cuenta: "Cuando veo a alguien en la carretera pidiendo un aventón, entiendo que pudiera ser mi hijo, y siempre oro por esa persona para que tenga un encuentro con Dios. Después que mi hijo regresó al Señor me dio las gracias muchas veces por haber orado por su seguridad y salvación."

En ocasiones un acto de bondad va de la mano con la oración. Nosotros leímos sobre un jovencito que se escapó del colegio y de la sociedad, terminó como un vagabundo y solitario en las calles. Una oscura noche del Día de Acción de Gracias, una pareja lo encontró debajo de un puente y le dio una caja que tenía una suculenta cena de pavo, completa, con vela y todo. Ellos oraron con el joven y le dijeron que solo querían que él supiera que Dios le amaba. Ese acto de bondad tocó su corazón y puso al hijo pródigo en el camino de regreso a Dios.[2]

Otra madre reportó que ella tuvo que cambiar sus expectativas y forma de orar cuando su hijo le dijo que no le gustaba visitar la casa porque pensaba que asistir a la iglesia con ellos era ofensivo.

Yo le dije: "En el futuro no supondremos que irás con la familia a la iglesia, solo preguntaremos si quieres acompañarnos". Mientras tanto, continuamos orando en acuerdo por él. Y le recuerdo al Señor que estoy parada en Jeremías 31:16,17, y que mi hijo "regresará de la tierra del enemigo".

Resiste al enemigo

Una vez cuando yo (Ruthanne) estaba orando por un ser querido, de momento escuché una voz burlona que decía en mi mente: ¿Qué te hace pensar que la oración te ayudará? ¡Él nunca cambiará! Por un momento dejé de orar sorprendida por esta interrupción.

Luego comprendí que era el enemigo. Y dije en voz alta: "Satanás, te ordeno que hagas silencio, no tienes ninguna autoridad para hablarme a mí. Te resisto en el nombre de Jesús y rehúso escuchar tu voz. Declaro que tengo la mente de Cristo y que mi oración es efectiva, de acuerdo a la Palabra de Dios" (1 Corintios 2:16; Santiago 5:16).

Una madre y su esposo oraban siete veces al día por su hijo y por su amigo adolescente que ejercía mala influencia sobre él: "Dios, te rogamos que lo quites de la vida de nuestro hijo. Y al mismo tiempo por su futuro, cualquiera sea el plan que hayas escogido para los dos. Reclamamos vida para él y para nuestro hijo". De forma milagrosa, unas semanas después el joven recibió una beca de una universidad en un estado distante. Ambos muchachos, pasado el tiempo, volvieron a consagrarse a Jesús como en la niñez.

En los tiempos de rebeldía de mi hijo, yo (Quin), solía caminar de un lado a otro gritando: "¡Satanás, quita tus manos de mis hijos! La Biblia dice que la semilla de justicia será entregada. Mi esposo y yo somos justos, porque Jesús derramó su sangre por nosotros. Nuestros hijos son nuestra semilla y ellos serán libres. Tenemos un pacto con el Dios Todopoderoso y está en pie. Tú no prevalecerás".

A menudo oraba: "Señor Dios, guarda a mis hijos de las malas influencias, amistades inadecuadas y de un ambiente nocivo. Trae amigos idóneos a sus vidas en el momento oportuno. Aléjalos del error y de ser engañados". Cada uno ha regresado al Señor de una forma dramática, sin embargo, hoy día continuo haciendo esta oración por ellos.

Estrategias adicionales de oración

Cuando nosotros oramos para que los hijos pródigos regresen a casa, podemos esperar en primer lugar oposición del enemigo que los desvió. Tenemos que aprender a luchar y entrar en guerra espiritual a su favor. La Biblia ofrece muchos ejemplos que nos animan y podemos estudiarlos buscando estrategias, tales como la historia de Nehemías edificando la muralla de Jerusalén.

> Luego de examinar la situación, me levanté y dije a los nobles y gobernantes, y al resto del pueblo: "¡No les tengan miedo! Acuérdense del Señor, que es grande y temible, y peleen por sus hermanos, por sus hijos e hijas, y por sus esposas y sus hogares.

Nehemías 4:14

La mitad de las personas hicieron el trabajo de reedificar, mientras que la otra mitad se puso su armadura y tomaron sus armas para resistir el ataque del enemigo. Nehemías siguió la estrategia que Dios le había dado, y ellos completaron con éxito su tarea en cincuenta y dos días y sembraron el temor en los corazones de sus enemigos.

He aquí varias oraciones que nosotros hemos implementado, o que los intercesores han compartido con nosotros, a través de los años:

- Pídele a Dios versos específicos de la Escritura, en los cuales basar tus oraciones por tu hijo pródigo. Orar la Palabra de Dios (en ocasiones cántala) por tus seres queridos es sin duda la estrategia que usan los intercesores con más frecuencia.

- Asegúrate de que ninguna falta de perdón, juicio o enojo hacia el hijo pródigo, o cualquier otra persona, haya envenenado tu espíritu anulando tus oraciones.

- Pide al Señor que te dirija a conseguir compañeros de oración. Hagan oraciones en común acuerdo según la dirección del Espíritu Santo.

- Aprende el poder de quebrantar maldiciones que están obrando en la vida del hijo pródigo por el que estás orando y suelta la voluntad de la persona para que no siga cautiva al mal (ver Mateo 16:19; 2 Timoteo 2:25b, 26).

- Declara la sangre de Jesús sobre la persona por la que estás intercediendo, recordándole al enemigo que esa sangre derramada por nuestra redención, sella su derrota.

- Usa el arma de la alabanza, combinada con la declaración de las Escrituras en voz alta, para glorificar al Señor y proclamar su victoria aun cuando las circunstancias aparezcan ser sin esperanza.

- Aprende el valor del ayuno y pídele al Espíritu Santo que te dirija en el uso de esta arma espiritual (Isaías 58:6; Mateo 6:16-18).

- Si estás orando por un hijo rebelde que aún vive en casa, ora en su cuarto cuando él o ella no estén. Unge la puerta con aceite, declara en voz alta que la habitación es un lugar donde habita Dios, y ordena a todo espíritu contrario al de Dios que se vaya. Pide al Espíritu Santo que se revele a tu hijo y que lo traslade de la oscuridad hacia la luz.

- Busca la dirección del Señor para encontrar formas creativas de decirle a tu hijo pródigo "Te amo". Un amor incondicional, apoyado en la oración persistente, es un arma poderosa.

(Ver el apéndice, "Libra tu batalla de oración" para más detalles.)

La oración persistente

En ocasiones dejamos de orar muy pronto. Yo (Quin) tengo una amiga que me dijo que su hija se casó con un hombre a quien ella consideraba un vagabundo. Así que dejó de orar por su hija pródiga. Le hable y le dije: "Ahora es el momento de redoblar la intercesión por tu hija y su esposo". Ella lo hizo y vio cambios sorprendentes en su propio corazón y también en el de su hija.

Nuestra intercesión debe restringir las fuerzas satánicas y permitir al Espíritu Santo que traiga convicción y arrepentimiento. Es importante ser específicos y persistentes cuando hacemos batallas en oración. Jesús nos animó a ser constantes en la oración refiriéndonos esta parábola:

"Un amigo viene y toca a medianoche la puerta y pide a su vecino tres panes porque le había llegado visita inesperada

En ocasiones dejamos de orar muy pronto. Es importante ser específicos y persistentes cuando libramos batallas en oración.

(ver Lucas 11:5-13). El vecino se resiste a levantarse de la cama y darle el pan. Jesús dice:

Les digo, aunque no se levante a darle pan por ser amigo suyo, sí se levantará por su impertinencia (persistencia) y le dará cuanto necesite. Así que yo les digo: Pidan, y se les dará; busquen, y encontrarán; llamen, y se les abrirá la puerta (vv.8,9).

El pastor Jack Hayford hace este comentario sobre la parábola:

Es inconcebible comprender el porqué este pasaje ha sido usado para mostrar que la oración tiene que ganar las respuestas venciendo la renuencia de Dios, como si nuestra persistencia pudiera vencer la resistencia de Dios. De hecho, Jesús está diciendo: "El primer obstáculo no es Dios, es tu propia duda de pedir con libertad. Necesitas aprender el tipo de osadía que no conoce el temor de pedir, cualquiera que sea la necesidad o la circunstancia".

La lección gira alrededor de una idea: "osadía sin vergüenza". La osadía es tu privilegio. La asignación es pedir; su compromiso es dar, tanto como necesites.[3]

Un cambio visible

Evelyn es otra madre que tuvo que mirar más allá de la severa realidad de las circunstancias y el comportamiento de Ken su hijo. Ella se alegró mucho cuando él recibió al Señor a la edad de ocho años y compartía su fe con sus amigos. Pero a medida que pasaron los años y su corazón se enfriaba hacia todo lo que tuviera que ver con Dios, Evelyn buscó en la Biblia consuelo, fuerza y dirección.

"Mi Biblia estaba marcada por mi lapicero y las lágrimas, mientras me paraba firme sobre la Palabra de Dios una y otra vez por nuestra familia –nos dijo ella–. Recuerdo que reclamé Isaías 49:25 y 54:13, recordándole a Dios que Él iba a salvar a nuestros hijos e hijas, que ellos serían enseñados por el Señor. Y ahora, aquí había otro hijo descarriado por el cual yo tenía que párame en la brecha."

Durante años, Evelyn había reclamado las Escrituras en oraciones por sus hijos. Ahora ella sentía que necesitaba una nueva estrategia, no una Escritura que ya conocía y podía orar de memoria. Después que Ken se fue de la casa y se mudó para el este, Evelyn fue a visitarlo. Pero ella se quedó profundamente dolorida por su actitud, y abordó el avión de regreso a casa con el corazón destrozado.

"Sentada en el avión, yo hablé al Señor sobre este hijo que estaba obviamente alejado de Él –dijo ella–. Oré: 'Dios, conozco todas las Escrituras que están allí para pararme firme por mi familia, pero necesito algo nuevo y fresco para luchar la buena batalla por mi hijo para que regrese a ti'.

"Abrí un pequeño libro de Proverbios que tenía conmigo y comencé a leerlo. De momento un verso pareció saltar de la página y la fe por Ken fue renovada en mi corazón: '...y también puedes estar segurísimo de que Dios cuidará a los hijos de los justos' (Proverbios 11:21, LBD).Yo nunca había leído estas palabras, era una versión de la Biblia a la cual yo no estaba acostumbrada. Sentí que el Señor me decía: '¡Puede que conozcas todas las Escrituras, pero no conoces todas las versiones!'"

Poco se imaginaba Evelyn de que la oración y la batalla que le esperaba durarían 13 años. Ella puso el nombre de Ken en todas las cajas de oración que ella vio, tanto en este país como en el extranjero. A medida que su hijo se volvía más duro, amargado y enojado, el corazón de Evelyn sufría al darse cuenta de que él vivía muy por debajo de lo que Dios tenía para él. Pero ella se aferró a la promesa de Dios, Él rescataría su hijo.

"Aprendimos algunas lecciones sobre amar sin condiciones a quien es difícil de amar –dijo ella–. Conocimos la importancia de no predicar sino confiar en nuestro Dios. ¡Él seguía diciéndonos que nosotros debíamos hablarle más a Él sobre Ken y menos a Ken sobre Él! La vida de Ken se estaba volviendo más deplorable, sin embargo, nosotros continuamos amando y orando. Con el tiempo él comenzó a confiar en que nosotros no íbamos a condenarlo ni a estarle predicando, y se volvía a nosotros cuando estaba dolido. En una ocasión llamó y nos estaba insinuando que nosotros oráramos por él. Luego, un día nosotros tuvimos el coraje de preguntarle si podíamos orar por él, y lo permitió. Ese fue un gran avance.

Evelyn y su esposo oraron para que Dios enviara personas a la vida de Ken que tuvieran una influencia positiva sobre él, y sucedió. Ken se encontró con un antiguo amigo que era cristiano y con el tiempo accedió a ir a la iglesia con él. Cuando llamó a casa para decirle a su mamá, ella solo escuchó, no deseaba reaccionar demasiado u ofenderlo. Pocos días después llamó de nuevo y le dijo que había asistido a otro servicio de la iglesia. Él le dijo que sintió como si el Señor le dijera que esta era su última oportunidad. En ese momento se arrepintió y regresó al Señor.

"Al fin llegó el día en que nosotros pudimos ver a nuestro hijo regresar –dijo Evelyn–. Nunca olvidaré el momento en que él tocó el timbre de la puerta y yo abrí. Allí estaba de pie. ¡Visiblemente cambiado! El rostro de Ken, oscuro por tantos años, ahora estaba iluminado con ese brillo interior que solo puede dar Jesús. ¡Sí, nuestro hijo pródigo había regresado! Él luego nos dijo que se había alejado de Dios desde que tenía 10 años, un total de 25 años."

Una revelación tipo pocilga

La estrategia de oración de Sarah era algo poco usual. Después que Belinda, su hija adulta, dejó a su esposo y sus dos hijos, para vivir en la carretera con un conductor de camiones de largas distancias, ella oró para que ella recibiera una "revelación tipo pocilga".

"Fue en un ato de cerdos (chiquero), que el hijo pródigo de la parábola de Jesús recuperó sus sentidos y decidió regresar a su casa arrepentido –dijo Sarah–. Mi esposo y yo oramos que nuestra hija perdida reconociera que ella estaba comiendo en una pocilga, mientras el Padre tenía mucho que ofrecerle en su mesa.

"Nosotros deseábamos que ella conociera el amor de Dios por sí misma, recordando los valores cristianos con los cuales fue criada. Siempre habíamos tratado de reforzar la importancia del compromiso y la fidelidad en las relaciones".

Hace poco, Belinda regresó al hogar con su esposo e hijos. Más tarde ella nos escribió su propia historia:

> Yo comencé a tomar cuando era muy joven para sentirme aceptada y amada, y me convertí en una alcohólica. Durante años busqué amor a través de relaciones. Una corta cita de una noche y un breve matrimonio me dejaron con un sentimiento de frialdad y vacío. Yo traté de llenar ese vacío con drogas, hombres y sobre todo tomando, pero fue peor.
>
> Luego traté el camino de un "esposo, con dos hijos y una casa con su cerca de madera blanca alrededor" buscando felicidad, pero aún me sentía vacía. Así que lo dejé todo para seguir mi nuevo amor y viejo deseo de ser un conductor de camiones.
>
> Mis padres y otras personas habían estado orando por mí durante años, y en especial después que me tiré a la calle con el camión. Quizás fue a causa de esas oraciones que me enferme de gravedad y tuve que ser hospitalizada en casi cada estado que atravesé. Al fin comprendí que el amor que yo estaba buscando durante toda mi vida no estaba en una botella o en la relación con otro ser humano. El único, verdadero y eterno amor se encuentra en Jesús.

Sé que hay un gran camino que andar, pero el Señor ha restaurado mi matrimonio y con su ayuda hay esperanza para un final feliz.

"Mientras ella no estaba, su esposo tuvo su propio despertar –cuenta Sarah–. Él ha participado más en su papel de padre y cabeza del hogar. En ocasiones durante crisis profundas, tales como la pocilga, los hijos pródigos comprenden la necesidad de regresar a Dios".

Cómo enfrentar una secta falsa

Otra mamá, después de orar durante meses por Heather, su hija pródiga, sintió que Dios la guiaba a intervenir de forma personal en la situación. Hizo un largo viaje para enfrentar al joven que había embrujado a Heather para seguir sus creencias de culto.

Retándolo cara a cara, esta valiente intercesora le dijo: "Mi hija le pertenece al Señor Jesucristo, no al dios de tu falsa religión, y ella va a regresar a Él. Te digo que las vendas se caerán de sus ojos; ella verá la verdad y no seguirá siendo engañada. No tienes ningún derecho de envolverla con tu falsa religión".

Tan pronto como regresó a su casa, la mamá reunió más compañeras de oración para pararse en la brecha por Heather, atando los espíritus mentirosos que la estaban engañando. La primera vez que Heather llamó a casa después de la visita, estaba furiosa con su mamá por interferir en su vida.

Tres meses más tarde las vendas se cayeron, y ella llamó a su papá para mudarse de regreso a casa. El joven siguió buscándola hasta que ellos tomaron medidas para esconderla por un tiempo. Pero aquella que una vez fuera hija pródiga, regresó al Señor y más tarde fue a varios viajes misioneros, incluso llevando Biblias de contrabando a la China.

Nosotros tenemos que mantenernos alertas y activas en contra de las tácticas del diablo, siempre buscando la dirección del Señor como estrategia.

Intervenir con disciplina

Cuando el hijo pródigo es un adolescente rebelde que aún vive en la casa, en ocasiones los padres tienen que tomar acción drástica además de su estrategia de oración. Un amigo nuestro tenía un hijo que había sido internado en tres oportunidades en un centro de rehabilitación de drogas. En cada ocasión después de haber salido, pronto regresaba a usar drogas fuertes. Luego los padres lo encontraron sangrando en el baño, con sus muñecas cortadas. En esta ocasión ellos lo internaron en un costoso hospital privado de rehabilitación, donde él recibiría un mejor cuidado personal. Comprometieron a familiares y miembros de la iglesia a orar por completa restauración. Puede que él esté enojado con sus padres por ahora, pero ellos están tratando de salvar su vida.

Misty Bernall, la madre de uno de los adolescentes que muriera en el tiroteo de la escuela superior Columbine en abril de 1999, escribió sobre la estrategia de la disciplina que ella y su esposo usaron con su hija rebelde, Cassie. Ellos descubrieron evidencias sorprendentes de que Cassie y su mejor amiga pudieron haber estado planeando asesinarlos y que su hija había estado experimentando con drogas y el ocultismo. Ellos cortaron todo contacto de Cassie con sus amistades, la matricularon en una escuela cristiana privada y le prohibieron toda actividad excepto la del grupo de jóvenes de la iglesia.

Durante varios infelices meses la familia Bernall sufrió el enojo y odio de Cassie, mientras trataban de evitar que se comunicara con sus viejos amigos. Pero cuando le permitieron que asistiera a un retiro de jóvenes con una nueva amiga que ella conoció en el colegio cristiano, probó ser el punto de cambio por lo que ellos habían estado orando. Cassie regresó a la casa del retiro y anunció: "Mami, he cambiado".

Misty escribió: "Era una realidad. Desde ese momento, Cassie se convirtió en una persona totalmente diferente. Nunca hablaba mucho sobre ese fin de semana y nosotros no la presionamos. Pero sus ojos estaban brillando, ella sonreía de nuevo como lo había hecho por años, y comenzó a tratarnos a nosotros y a su hermano con un respeto y afecto genuinos".[4]

Cassie se matriculó en la escuela superior Columbine el próximo año escolar. En abril 20 de 1999, cuando dos estudiantes irrumpieron en la escuela en un frenesí de matanzas, ellos retaron a Cassie con la pregunta: "¿Crees tú en Dios?" Ella respondió sí, y ellos le dispararon.

Después de su muerte, sus padres encontraron un libro que había estado leyendo con esta oración subrayada: "Todos nosotros debiéramos vivir la vida de tal manera que estemos listos a encarar la eternidad en cualquier momento".[5]

Su estrategia fue difícil, incluso riesgosa. Pero al final, su hija, estaba lista para encontrarse con su Señor. A pesar de tan dolorosa pérdida, ellos pueden consolarse al saber que Cassie está ahora con Jesús por toda una eternidad.

Palabra, visión y declaración

Cuando yo (Quin) comencé a orar con diligencia por mis hijos descarriados, el Señor me dirigió a meditar en este verso: "Y todos tus hijos serán enseñados por Jehová; y se multiplicará la paz de tus hijos" (Isaías 54:13, RV 1960).

Uno de mis hijos, que se había graduado de la universidad y estaba trabajando en otro estado, había venido de visita a casa por el Día del Trabajo. Después de manejar ochenta kilómetros para poner a ese hijo en un avión después de las fiestas, mi corazón estaba cargado. Camino de regreso a casa esa mañana, mi esposo y yo asistimos a la iglesia cerca del aeropuerto. Durante la adoración, yo cerré mis ojos en oración y de momento tuve una visión interior de nuestros tres hijos con sus brazos extendidos, alabando a Dios.

Dije: Señor, ¿los tres? ! Es una gran petición por la que creer. Pero lo haré.

De regreso a casa, yo registré ese pensamiento en mi diario de oración y continué orando: "El Señor es el maestro de mis hijos, su paz será grande. Gracias, Señor, tu cumplirás tu promesa y ellos te alabarán a ti algún día".

Ocho meses más tarde los tres me pidieron que nos reuniéramos por el Día de las Madres en Orlando, donde vivía uno de ellos. Nosotros fuimos a una iglesia, pero estaba tan llena que no pudimos sentarnos juntos. Durante uno de los himnos miré alrededor para localizarlos y vi a los tres con sus brazos levantados alabando a Dios.

Antes que terminara el fin de semana, escuché las historias de cómo Dios los había atraído de regreso a Él. Mi visión se había vuelto una realidad. Pero en el proceso yo aprendí una lección importante: "Lo que yo declare con mi boca es importante, y yo necesitaba citar la Palabra de Dios para reclamar lo que Él dice en el asunto" (ver Hebreos 4:12).

Alabanzas y gracias

Es importante mantener nuestros ojos en Dios, no en el problema, por imposible que parezca la situación. Si nosotros juzgamos por nuestra apariencia externa, el enemigo nos intimida con facilidad, como Goliat lo hizo con el ejército de Israel y trató de hacer con David (1 Samuel 17:24, 45-47).

Nuestra tendencia es esperar hasta que veamos las oraciones contestadas, y luego ofrecer alabanza. Pero eso no requiere de fe. Cuando damos alabanza y gracias a Dios antes de ver la respuesta, estamos declarando la victoria de Él sobre el maligno.

Esto ayuda a reconocer que, al igual que en la historia de David y Goliat, las amenazas del enemigo a menudo son lo que más intimida, justo antes que venga la victoria. Recuerdas el grito de guerra de David: "...el Señor salva sin necesidad de espada ni de lanza. La batalla es del Señor..." (1 Samuel 17:47).

Una amiga escuchó la voz del Señor diciéndole que comenzara a alabarlo y a darle gracias meses antes que su hijo regresara a Dios. Ella había trabajado mucho en sus oraciones a solas y reconoció su voz: Comienza a alabarme ahora, porque la respuesta está en camino. Ella lo hizo, y con el tiempo la respuesta llegó.

No te rindas frente al desánimo

Cada intercesor que ora por un hijo pródigo conoce la importancia de resistir el desánimo cuando las circunstancias parecen empeorarse. Yo (Quin) tengo una amiga, que por años, se aferró a una visión que Dios le dio de toda su familia ocupando la misma banca de la iglesia un domingo, adorando a Dios juntos. Ahora solo un yerno falta en esa visión a la que ella se aferra, y un hijo por el que ella ha estado orando por muchos años acaba de regresar. Ella basa sus oraciones en Proverbios 11:21 (BdLA), "...mas la descendencia de los justos será librada".

"Tenía que aferrarme a la promesa que Dios me había dado, no a las circunstancias, cuando mi hijo huyó del Dios que él había amado en su juventud –nos dijo ella–. Simplemente creía que Dios había hablado y todos mis hijos estarían de regreso en la iglesia, cosa que para mí significaba amarlo a Él. Mi nuera y yo oramos juntas durante años para ver un milagro en la vida de mi hijo. ¡Pero sucedió este pasado año!" Ella estaba casi gritando de alegría mientras me hablaba.

Ruth Bell Graham, quien por muchos años oró para que su hijo Franklin, dejara su rebelión, nos cuenta sobre su experiencia:

> De momento, comprendí que el ingrediente que faltaba en mis oraciones era "agradecimiento". Así que dejé mi Biblia y pasé tiempo alabándolo por quien Él es y lo que Él es. Esto cubre más territorio que el cualquier mortal puede comprender. Incluso contemplando lo poco que nosotros sabemos disuelve las dudas, refuerza la fe y restaura el gozo.
>
> En primer lugar comencé a darle gracias a Dios por darme a este hijo a quien amo tanto. Incluso le di gracias a Él por los momentos difíciles que me enseñaron tanto. ¿Sabes qué pasó? Fue como si alguien prendiera las luces en mi mente y corazón, y los pequeños temores y preocupaciones que habían estado comiéndome en la oscuridad, desaparecieron como ratones y cucarachas buscando sus madrigueras.
>
> Entonces aprendí que la adoración y la preocupación no pueden vivir en el mismo corazón: ellas se excluyen mutuamente.[6]

El poder de las emociones negativas

El enemigo asalta a los padres de los hijos pródigos con sentimientos de culpabilidad por todas las cosas que ellos pudieron haber hecho mal en la crianza de sus hijos. A menudo se sienten destrozados por la vergüenza y ponen distancia entre ellos y las mismas personas que pudieran volverse compañeros de oración para ayudarlos en la batalla. Nosotros necesitamos admitir nuestras faltas y pedir perdón a nuestros hijos por esos errores. Pero quedar atrapado en un círculo de enojo, condenación y culpa solo anula la efectividad de nuestras oraciones. John White, un psiquiatra cristiano con experiencia de primera mano con un hijo pródigo dice:

> Temor, culpa y vergüenza son enemigos persistentes que pueden visitarnos en la noche o saludarnos cuando nos levantamos de la cama en la mañana. Estos deben ser despedidos con firmeza, y repetidas veces. Ellos tienen tanto poder como el que nosotros estemos dispuestos a darle, y si no aprendemos nada más de nuestras pruebas sino solo conquistar a estos tres, de seguro saldremos más fuertes.[7]

La historia de Jean es un buen ejemplo. Ella nos escribió: "Cuando mi esposo murió, una manta de desesperación cubrió a toda mi familia. Nosotros atravesamos un año tortuoso viendo cómo el cáncer del cerebro cambió a un hombre divertido y amoroso en un monstruo abusivo. Observamos indefensos como una vida de increíble opulencia se nos escapaba de nuestras manos en un abrir y cerrar de ojos. Todos estábamos alterados y nos ofendíamos verbalmente.

La hija de Jean tenía heridas emocionales debido al abuso verbal de su padre. Herida y enojada, ella no deseaba tener nada con Jesús, y eso incluía a sus creencias y a su madre. Así que para negar a Jesús, ella abrazó a la fe judía. La hija que Jean había amado y conocido tan íntimamente en realidad fue a la corte para "divorciarse" de ella. Humillada, Jean ni siquiera asistió al último procedimiento de corte para defenderse.

"Mi hija se había ido, y con ella su fe en Jesús –escribió Jean–. Una pérdida sobre otra. *¿Se habían perdido todos esos años invertidos en los grupos de jóvenes cristianos?* Me preguntaba. Entonces llegó la noticia de que ella estaba estudiando para convertirse en un rabí judío. Al principio yo estaba enojada, realmente. Pero luego una noche Dios se encontró conmigo en sueño y me aseguró que todas sus experiencias estaban edificando un fundamento para su testimonio futuro.

"Yo sé que ella tenía un poderoso llamado de Dios en su vida, y con el tiempo reconocería a Jesús. La prueba para mí había sido aceptar que no puedo controlarla. Tuve que pedir su perdón y confiar que Dios es mayor que su rebelión. Hoy estamos buscando la amistad, y tengo paz, sabiendo que la Palabra de Dios no regresa vacía como la confieso fielmente."

(Ver el apéndice, "Libra tu batalla de oración," de la oración de Jean por su hija usando las Escrituras.)

Aguardar con esperanza

De todas las estrategias que pudiéramos sugerir, esperar es quizás la más difícil. De alguna manera nos sentiríamos mejor en cuanto a lidiar con nuestros hijos pródigos si pudiéramos tomar acción, esto nos ofrece la falsa ilusión de que estamos en control de las cosas. La realidad es, que no lo estamos. Tenemos que entregar la situación a Dios, mantenernos en oración y tomar acción solo según Él nos dirige.

Nosotros sabemos que el padre en la parábola esperaba cada día con la esperanza de que su hijo errante regresara a casa. Jesús dijo: "Todavía estaba lejos cuando su padre lo vio y se compadeció de él; salió corriendo a su encuentro, lo abrazó y lo besó" (Lucas 15:20). Podemos visualizar una imagen del padre, de pie en el portal, cubriendo con sus manos sus ojos del sol, buscando en la distancia y pensando: "Quizás él venga hoy a casa".

El teólogo alemán Helmut Thielicke discute que no era la culpa o el disgusto consigo mismo lo que causó al hijo pródigo regresar. Él dice: "Es todo lo contrario; era porque el padre y la casa del padre surgía en su alma hasta que se molestó consigo mismo...

Era la influencia de su padre desde lejos, una consecuencia de la súbita comprensión de dónde él realmente pertenecía... El pensar en el hogar en un país lejano lo disgustaba, en realidad le hizo darse cuenta de qué es en realidad el alejamiento y el sentirse perdido".[8]

Para el creyente, la espera por el regreso del hijo pródigo no necesita ser un estado pasivo, "de limbo". La palabra hebrea para "esperar" tiene su raíz en la frase que significa "atar juntos" y en forma figurada significa "esperar".[9]

Nosotros no esperamos en temor y desespero. Si nuestra esperanza está en Dios, esperamos con la esperanza de que Él intervendrá. Y en el proceso, nosotros mismos somos atraídos más cerca a Él con ataduras de amor.

Oración

Padre, por favor dame tu sabiduría para saber cómo orar por mi hijo pródigo. Presento todas sus necesidades específicas a ti ahora: (nombre de las necesidades). Señor, confieso que me he sentido herida y enojada con ____ a causa de (mencione específicamente). Perdono a mi hijo pródigo por herirme y decepcionarme; por favor ayúdame a amarlo con tu amor y a caminar en perdón continuo. Gracias por perdonarme y capacitarme para perdonar a aquellos que me han hecho daño.

Señor, te estoy agradecida por el poder de tu Palabra que me da consuelo y dirección. Por favor muéstrame cómo apropiarme de las Escrituras para orar por mi hijo pródigo. Dejo a ____ en tus manos y te pido que obres en su vida de acuerdo a tu plan y propósito. Entrego a esta persona a tu cuidado y confío que lo atraerás a él (ella) hacia ti por el poder del Espíritu Santo. Gracias en el nombre de Jesús por hacer una obra de misericordia en la vida de ____. Amén.

Preguntas para meditar

1. ¿He consultado con Dios por sus estrategias, en lugar de depender de oraciones mecánicas para orar por mi hijo pródigo?

2. ¿Cómo puedo cambiar la forma en general con la que me relaciono con mi hijo pródigo, como parte de mi estrategia (ofreciendo perdón cara a cara o por medio de una carta, enviando un regalo o expresando amor incondicional en forma específica)?

Notas

1. Tom Bisset, *Why Christian Kids Leave the Faith* (n.d.; reimpreso, *Grand Rapids, MI: Discovery House*, 1992), p. 154.
2. Gregory Wenthe, *"A Very Special Thanksgiving," The Breakthrough Intercessor*, (Otoño 1999), pp. 28-30.
3 Jack Hayford, *Prayer Is Invading the Impossible (New York: Ballantine Books, 1983),* pp. 49-51.
4. Misty Bernall, *She Said Yes (Farmington, PA: Casa Publicadora Plough, 1999), p. 84.*
5. Ibid., p. 107.
6. Ruth Bell Graham, *Prodigals and Those Who Love Them* (Colorado Springs: Enfoque a la Familia, 1991), pp. 39, 40.
7. John White, *Parents in Pain* (Downers Gove, IL: InterVarsity Press, 1979), p. 159.
8. Citado de Margie M. Lewis, *The Hunting Parent* (Gran Rapids, M.I., Casa PublicadoraZandervan, 1980), p. 138
9. James Strong, *The New Strongs Exhaustive Concordance of the Bible* (Nashville: Thomas Nelson, 1984), referencia hebrea #6960.

CAPÍTULO TRES

Coloca a tu pródigo en las manos de Dios

Porque sé en quién he creído, y estoy seguro de que tiene poder para guardar hasta aquel día lo que le he confiado.

2 TIMOTEO 1:12

¿Estamos preparados para decirle a Dios: "Usa a cualquiera, donde sea, en cualquier circunstancia, para traer esa alma perdida a ti? O, ¿tenemos prejuicios (quizás algunos ocultos) sobre a quién nosotros no desearíamos que Dios usara?[1]

JOY DAWSON

Todos los padres que oran por sus hijos por una u otra razón, con el tiempo reconocen la necesidad de dejarlos libres en las manos de Dios. Suena como cosa simple, pero si has estado en ese lugar, sabes lo difícil que esto puede ser. Yo (Ruthanne) luché con esta situación hace años cuando estaba orando Isaías 54:13 por mi hijo, parafraseando el verso como sigue: *"Mi hijo será enseñado por el Señor, y grande será su paz".*

De momento estuve consciente de la suave voz de Dios hablándome al corazón: *Si deseas que yo sea su maestro, entonces tu tienes que salir del camino.*

Respondí explicándole a Dios que este joven testarudo de 17 años va directo a chocar contra una pared de ladrillos. Después del informe escolar, yo pedí una cita para que me hijo se reuniera con un tutor que lo ayudaría con su examen final de álgebra. Reclamando que los problemas eran culpa de su maestra, mi hijo enojado aseguró que no iría a ningún tutor. *Solo chocando contra una pared podrá aprender,* me susurró el Espíritu Santo. *Después de todo, ¿cómo aprendiste tus lecciones?*

Es cierto, la mayoría de nosotros aprendemos mejor a través de experiencias difíciles. Yo agonicé pensando en las consecuencias que mi hijo encararía más tarde si fracasaba en álgebra, pero obedecí al Señor y cancelé la cita. Descubrí lo doloroso que es entregar de verdad a tu hijo en las manos de Dios.

Mi hijo fracasó en su examen final de álgebra. Él pasó el curso, pero con la nota más baja que haya tenido en cualquier clase, y como consecuencia perdió su afiliación en la Sociedad de Honor Nacional.

Él había aplicado para ser admitido y recibir una beca en un de las mejores universidades. Después de pasar varios niveles del proceso de aceptación, se encontraba en el grupo de candidatos para unos pocos puestos abiertos en el colegio de arquitectura.

Pero él no fue seleccionado en el grupo final. Yo estuve segura que fue a causa de su baja nota en álgebra en undécimo grado.

El día que él vino a casa y encontró la carta de rechazo subió molesto con un ataque de enojo y desencanto.

"Oh, Señor –oré–, yo sé que él tiene que aprender esta lección, pero es muy doloroso verlo devastado de esta forma".

El Señor me habló con mucha suavidad en medio de mis lágrimas. *No te preocupes, no le voy a probar más de lo necesario, él era mío antes que fuera de ti, y lo amo más de lo que tú lo amas.* Dios tuvo la gracia de darle una nueva oportunidad a mi hijo para estudiar arquitectura y con fidelidad sigue siendo su maestro. Pero respecto a mí, esa experiencia fue el comienzo de un proceso de "dejar libre", que ha continuado a través de los años.

El perdón trae sanidad

No importa quién es el pródigo por el cual estás orando: un hijo, hermano, padre, cónyuge, con el tiempo tienes que ponerlo en las manos de Dios y confiar que Él hará la obra de gracia en la vida de esa persona. Una madre nos escribió para compartir su experiencia con respecto a esto:

A la edad de 14 años, Dawn comenzó a mostrar señales de hostilidad hacia mi esposo, su padrastro. Hasta este momento ella le había llamado papi e insistía en llevar su apellido. Pero cuando se rebeló, se puso en contacto con las autoridades en la escuela y les dijo que se iba a escapar si no le permitíamos que ella se fuera a vivir con su amiga y su familia.

La corte se involucró y yo perdí la custodia. Ella se convirtió en propiedad del estado, luego fue puesta en una serie de albergues para niños. Cuando la veíamos en la corte, ella nos maldecía y tenía gestos obscenos. Me rompió el corazón verla de esa forma.

A causa de su extrema hostilidad, el Servicio de Protección de Niños sospechaba que ella estaba siendo abusada sexualmente, y pensaron que mi esposo era la persona que lo estaba haciendo. Más tarde, supimos que había sido un amigo, de 41 años, que deseaba casarse con ella.

Los ocho meses que Dawn estuvo fuera de nuestra casa fueron casi intolerables para mí. Me volví desesperada frente a Dios. El domingo Día de las Madres en la iglesia, nuestro pastor habló de una mujer con el flujo de sangre y cómo ella tocó el borde del vestido de Jesús y fue sanada. Esa mañana, en oración, presioné y toqué el borde de su vestido, de alguna manera supe que Dios había escuchado mi clamor. No me pregunte cómo, ¡yo simplemente lo supe! Coloqué a mi hija por completo en las manos de Dios y confié que Él haría el milagro.

Poco tiempo después de esa experiencia, Dios comenzó a cambiar la situación por completo a través de algunos sucesos increíbles. Mi esposo escogió perdonar a Dawn por su rebelión, y nuestra relación con ella fue sanada. Luego la corte nos regresó la custodia. Considerando todas las circunstancias, parecía imposible que nuestra hija pródiga algún día regresara al hogar. Pero Dios es fiel, y Él restauró nuestra familia.

Hoy Dawn es mi mejor amiga. Cuando ella cumplió los 24 años de edad mi esposo la adoptó. Solo Dios pudo haber unido de nuevo estos pedazos rotos.

Recibe a tu hijo pródigo

Supongamos que tu hijo pródigo te pide regresar a casa y muestra pesar y remordimientos pero no se siente arrepentido.

Es posible que todavía esté involucrado en las drogas o el alcohol. Cada familia tiene que hacer esa difícil decisión, con la dirección de Dios. Ningún principio es fácil ni rápido para recibir de nuevo a su hijo pródigo.

Si él va a ser una mala influencia para los hijos más jóvenes que están aún en casa, algunos padres consideran esto una razón válida para decir no. Sin embargo, otros reciben a su hijo que es adicto para ayudarlo con una buena rehabilitación.

Jane y su esposo recibieron de nuevo a su hijo Jeff, ellos necesitaban orar por él a corta distancia.

Jane ayunó, intercedió y sufrió en oración a favor de Jeff cuando él se volvió adicto a las drogas y el alcohol. Aun cuando él estaba afectado por las drogas y hacía ruido con su motocicleta, ella oraba de continuo esta oración de renuncia: "Padre, te doy libertad para que hagas de Jeff un hombre de Dios. Señor, ven y establece tú trono en su vida". Ella y su esposo también oraron por los objetos en su habitación.

Meses más tarde, cuando él tuvo una sobredosis de drogas, Jeff buscó ayuda. Un hombre cristiano se hizo su amigo y le señaló el camino hacia Jesús, siendo así el instrumento para que las oraciones de Jane fueran contestadas. Hoy día Jeff tiene una íntima relación con el Señor.

Roto el poder del enemigo

Beth nos escribió para contarnos de su dolor cuando supo que su hija se había involucrado con el lesbianismo. Beth y su esposo no habían tomado en serio la falta de interés de Lynn en muñecas, en las lecciones de baile o su preferencia por las ropas de varones y atletismo activo. Había señales de rebelión de vez en cuando, pero fue en un campamento cristiano donde entrenaban a jóvenes líderes que Lynn comenzó su relación con el mismo sexo a la edad de 18 años.

"La angustia y culpabilidad que experimentamos se convirtió en enojo y acusaciones a medida que los años fueron pasando –escribió Beth–. Año tras año, un desengaño siguió a otro. A medida que se fueron casando los hermanos, las navidades y reuniones familiares se convirtieron en una pesadilla mientras los otros cuatro hijos intentaban aprender a tratar con la vergüenza por el estilo de vida de Lynn. Bodas, intercambio de regalos, y todas las fiestas eran dolorosas. El problema se intensificaba por la adicción de Lynn al alcohol y la nicotina".

Pasaron más de 20 años, con muchas oraciones y ayuno. Ellos no vieron ninguna evidencia externa de cambio en Lynn, mientras seguían confiando en Dios con respecto a esta situación. Las dos amigas de Beth y compañeras de oración la visitaron cuando fueron al pueblo para hablar en una conferencia. Ellas oraron e hicieron guerra espiritual por Lynn y sintieron una brecha espiritual.

"Después de marcharse, fui a bañarme cuando sentí una revelación de que el poder del enemigo había sido roto sobre Lynn –dijo Beth–. Más tarde supe que estas dos intercesoras habían continuado orando por nuestra hija mientras salían de viaje ese día, pero yo sentí con seguridad que la obra había sido completa. Veintidós años después de que Satanás mantuviera cautiva a Lynn, el Dios a quien se la dedicamos al nacer la ha traído de regreso a Él.

"En una ocasión estuve orando para que Cristo fuera formado en ella, Dios me mostró una visión donde Lynn se veía como un diamante de corte marqués. Ahora yo sé que Él la está diseñando para su gloria. Toda su apariencia y conducta han cambiado. Ella solo habla del Señor, citando Escrituras y amando a los miembros de nuestra familia como nunca antes. Ella es la hija dulce que solía ser cuando niña".

Por supuesto, las muchas oraciones que Beth y su esposo hicieron por Lynn todos estos años fueron importantes. Nosotros tenemos la promesa de Santiago 5:16: "...oren unos por otros, para que sean sanados. La oración del justo es poderosa y eficaz"

Pero cuando un momento crítico llega a la vida de un hijo pródigo, Dios a menudo emite un llamado específico a la oración, tal como cuando le habló a Ananías para que fuera a orar por Saúl (Hechos 9:10-19). Justo como lo hizo Ananías, las dos guerreras de oración, amigas de Beth, obedecieron a la asignación del llamado de Dios. Y probó ser el punto de cambio en la lucha de oración por Lynn.

El pastor Ron Mehl escribe:

> Cuando Dios te llama a orar por tu hijo o cualquier hijo
> de Dios, no es una cosa casual ni esporádica. Esta puede
> ser la hora en la cual esa persona está lidiando con todos
> los asuntos importantes o se tambalea bajo una carga
> abrumadora. Alguien "vigilando por sus almas" pudiera
> ser la provisión especial de Dios para ayudarlo y liberarlo
> en ese momento.[2]

Él escuchó...
La oración de su madre

En ocasiones un hijo se extravía por razones que nosotros, es posible nunca lleguemos a comprender, incluso cuando hemos tratado de ser padres piadosos. La historia de Sue es un ejemplo de esto. Ella escribió que su hijo James, un muchacho alto, rubio de ojos azules, siempre deseó ser el número uno o el mejor.

En ocasiones un hijo se extravía por razones que nosotros, es posible nunca lleguemos a comprender, incluso cuando hemos tratado de ser padres piadosos.

Era uno de los mejores estudiantes en su clase y nunca dio ningún problema serio hasta que llegó al grado 11 y 12 de escuela superior. Pero entonces las cosas cambiaron. He aquí la historia:

En ocasiones un hijo se extravía por razones que nosotros, es posible nunca lleguemos a comprender, incluso cuando hemos tratado de ser padres piadosos.

James comenzó a experimentar con el alcohol y las drogas, pienso que él solo deseaba ser uno que "pertenecía" al grupo. Sus mejores amigos eran muchachos de familias respetadas en la comunidad, pero bebían y fumaban marihuana. Una regla que nosotros hacemos cumplir en nuestro hogar es: no importa a qué hora los hijos lleguen a casa, deben entrar y darle a la mamá un beso de buenas noches. Yo podía saber en qué condiciones él estaba por el beso que me daba. Si él se quedaba en el baño un largo rato cepillándose los dientes y haciendo gárgaras antes que viniera a darme el beso, sabía que había estado haciendo algo, y podía olerlo.

Después de comenzar su primer año en la universidad, una mañana de noviembre el Señor me despertó diciendo: *La vida de tu hijo está en peligro.* Cuando le pregunté al Señor, le escuché decirme de nuevo: *La vida de tu hijo está en peligro.* Mi esposo estaba de guardia en el hospital esa noche, así que llamé a tres de mis compañeras de oración y todas oramos por James.

A las 7:00 A.M. llamé a su habitación. Su compañero de cuarto trató de cubrir su falta, me dijo que estaba en la biblioteca. Yo sabía que eso era una mentira. Seguí llamando hasta que al fin el compañero de cuarto me dijo que James y algunos de sus amigos habían ido a un lugar en particular donde se acampa. Entonces fue cuando comencé a orar con fuerza. Sabía que un lugar favorito para fiestas y que James estaba en problemas. La temperatura estaba por debajo de congelación y nevaba, y él no tenía ningún equipo para acampar que yo supiera.

Bajé a mi cuarto de lavar, mi armario de oración, y le rogué al Señor que salvara a James, entonces lo dejé libre por completo en las manos de Dios. Ya fuera que lo volviera a ver vivo de nuevo en esta tierra o no, lo importante era que James recibiera perdón por sus pecados y la seguridad de la salvación. Después de orar por un tiempo, tuve paz en mi corazón. Yo sabía que mi hijo tenía el mejor de los cuidados.

Cuando llegó mi esposo a la casa más tarde en la mañana le compartí lo que había sucedido. Alrededor de las tres de la tarde James llamó. Le testifiqué cómo ese día había estado orando por él con tanto fervor y me contó que él y sus amigos estaban haciendo muchas cosas, usando diferentes drogas; alcohol, LSD y marihuana. En un momento esa mañana, James se encontraba completamente solo, hurgando con un palito en el fuego. Hipnotizado por completo por las llamas, comenzó a pensar en el infierno mientras observaba el fuego. Él me dijo que fue como si él me escuchara, orando.

Después de nuestra conversación yo manejé casi tres horas para recogerlo en el campo universitario y traerlo de regreso a casa. Esa noche cuando mi esposo y yo pusimos nuestras manos sobre James y oramos por él, supe en mi corazón que su vida sería diferente. Después de la iglesia el domingo yo lo llevé de regreso a la universidad. Fue como si él hubiera entrado en medio de una manada de lobos, donde las drogas y el alcohol estaban muy al alcance de la mano. Sin embargo, a través de la oración constante de nosotros y nuestras amigas declaramos que Satanás no iba a tener a nuestro hijo.

En el receso de la primavera, James asistió a una conferencia de misiones donde Dios tocó su corazón.

Cuando él regresó al colegio, Satanás le atacó con todo lo que pudo: drogas, alcohol, sexo. Pero James había sentido la presencia de Dios y no iba a dejarla ir. Después de su primer año lo mudé de dormitorio. Este fue posiblemente el día peor de mi vida, ver como él había vivido durante diez meses. No puedo describir la maldad que estaba presente en ese dormitorio.

Él se mudó a una vieja casa de campo con unos amigos sanos, uno era el futuro esposo de mi hija, y se involucró en organizaciones de alcance universitario. Por un tiempo siguió siendo atraído a las fiestas de las personas de la universidad, pero durante este período, él conoció la diferencia entre la oscuridad y la luz (Efesios 5:8-21).

Para el próximo receso de primavera, James regresó a la conferencia de misiones. Al fin llegó al fondo de sí mismo y se arrepintió por completo ante el Señor. No solo experimentó la presencia de Dios, sino que se ofreció para su servicio. Ahora él está matriculado en el programa de entrenamiento de terapia física en la universidad y casado con una joven mujer piadosa. El deseo de ambos es servir al Señor toda la vida.

Nosotros peleamos esta batalla de oración durante varios años antes de ver resultados. Mi consejo a las madres, padres y guerreros de oración: Manténganse en sus rodillas, sus hijos pródigos regresarán.

Una palabra de ánimo cuando más lo necesitaba

En una ocasión cuando yo (Quin) estaba triste porque no había visto ningún cambio positivo en mis hijos, Dios me envió a Paul Billheimer y su esposa Jenny, para compartir la comida en nuestra mesa y para animarme. Él me alentó a que nunca dejara de creer las promesas que Dios me había dado. Entonces compartió sobre el "poder de las oraciones" de su madre, como él le llamaba, del que escribió en su libro: *"Destinado para el trono"*. Yo leí y volví a leer este pasaje muchas veces:

> Mi mamá usó estas armas [mencionadas en 2 Corintios 10:3-5] conmigo. Yo era hostil con Dios como cualquier pecador. Luchaba con todas mis fuerzas. Pero el momento llegó cuando fue más fácil dejar mis armas de rebeldía que continuar mi resistencia. La presión que ejerció sobre mí el Espíritu Santo fue tan grande que busqué alivio dejando mi rebelión voluntariamente. El fluir del amor divino hizo que me apropiara de la gracia redentora. Convirtiéndome en un "cautivo" voluntario".[3]

El señor Billheimer dice que el uso de las armas espirituales no viola el libre albedrío de los rebeldes, pero "los cambia de rebeldía a cooperación voluntaria".[4]

El dedo de Dios

Una madre y su hijo pródigo comparten desde diferentes perspectivas la historia de su regreso. Los gemelos Ted y Dave nacieron en una familia cristiana, de generaciones creyentes que confiaban en Dios y escuchaban su voz. Su mamá Carla, nunca dudó que estos dos continuarían este legado. Después de la graduación de la escuela superior, Dave entró a una universidad cristiana y Ted se matriculó en una gira de compromiso por cinco años con la Marina.

Aunque Ted trató de mantenerse cerca del Señor, un sentimiento de profundo vacío y soledad lo sobrecogieron, y él añoraba ser popular. Pronto se enredó en relaciones con mujeres que lo destrozaron emocionalmente. Tomando en fiestas en clubes nocturnos con un grupo ligero escaló hasta experimentar con drogas.

"Yo no tenía idea de lo que estaba sucediendo, pero sentía una urgencia de orar con fuerzas en especial por Ted –dice Carla–. Un día, un sentido de profunda pérdida me tomó, como si Ted fuera a morir, y comencé a interceder en el espíritu con gemidos. Después Dave llamó y dijo que había soñado que su hermano gemelo se había ahogado, cosa que era posible porque él era un nadador de rescate.

"Comenzamos a llamar a los muchos guerreros de oración en nuestra familia para orar por Ted. Sentimos que estábamos luchando por su vida, física y espiritual. Después de un tiempo experimentamos una paz profunda que llenó nuestro espíritu". Ted había caído profundo en las drogas. Pero durante su último año en la Marina, dos sucesos significativos sucedieron: uno divino, el otro infernal. Él escribió sobre ellos:

Durante la Navidad mis padres me hablaron sobre el enfoque hacia el futuro y después oraron por mí, poniéndome en las manos de Dios. Yo sentí como si el dedo de Dios estuviera en mi frente y no podía negar que me estaba tocando. Incluso le dije a mis amigos que había sido tocado por Dios, y ellos me creyeron. Pero aún disfruto mucho mi viejo estilo de vida como para dejarlo.

Una noche después de haber tomado dos dosis de ácido, de momento sentí que estaba mirando a Satanás. Él dijo: "¡Ha terminado!" Mirándolo, le dije: "¿Qué?" Respondió: "Terminó. El juego terminó". Yo respondí: "No, no ha terminado". Él dijo: "Tú perdiste".

Yo dejé de ir a las fiestas durante dos meses, excepto por una donde bailé toda la noche pero no tomé drogas. Yo sabía que estaba dejando la Marina para regresar a casa y encontrar a Dios. En mi último día de guardia, no había nadie para despedirme, así que en silencio subí al auto y me dirigí hacia la casa. Sentí como abandonaba literalmente mi vieja vida.

No hablé mucho durante los próximos dos meses excepto a mi familia. Me sentía como un niño y veía al mundo como un lugar del cual tenía que esconderme hasta que creciera. Cuando hablaba sobre mi tiempo en la Marina deseaba llorar, porque vi la oscuridad que me había rodeado y cómo mi Padre celestial me protegió. Dios me dijo que Él nunca me había dejado caer muy profundo, y cuando doy una mirada retrospectiva lo puedo entender. Tuve que estar perdido para comprender lo que significa ser hallado.

Perdido. Hallado. Ahora dos años más tarde, este hijo pródigo ha provisto un lugar donde los muchachos de la calle pueden estar los sábados en la noche y él está comprometido con una maravillosa mujer cristiana. Ted y Dave trabajan con otros jóvenes que están comprometidos con el Señor para proveer "Fiestas" cristianas que duran toda la noche, las cuales están repletas de intercesores haciendo guerra espiritual.

Aún en espera

Es alentador recibir informes de oraciones contestadas, pero muchos padres aún están en espera de una respuesta espiritual para que las relaciones sean restauradas.

Una mamá escribió del desengaño que ella y su esposo habían experimentado desde que su hijo adulto, casado por 17 años, se divorció de su esposa y se casó con otra que había conocido a través de la Internet. Ellos aún tienen que conocer a la nueva esposa. Y su nuera anterior, con sus tres hijos, se mudó a otro estado, así que pocas veces pueden ver a sus nietos.

"Nuestro hijo viene al pueblo por asuntos de negocios muy a menudo y se queda con nosotros –dice su madre–, pero casi no lo vemos. Él no le ha dado por completo la espalda a Dios, pero nuestras relaciones están a un nivel muy superficial. Nosotros solo seguimos orando por él y poniendo la situación en las manos de Dios. Sentimos que el Señor nos ha dicho que tomará cinco años antes que la herida sea sanada por completo".

Aun en medio de su dolorosa situación, esta madre encuentra esperanza en la palabra que Dios le ha dado. Cuando somos obedientes en entregar a nuestros hijos pródigos al Señor, Él es fiel en darnos una palabra profética o una Escritura para sostenernos mientras esperamos por el cumplimiento de sus promesas.

Es posible que tengas sentimientos de culpa y desencanto. Quizás estás amargada y antagónica hacia el hijo pródigo que le ha dado la espalda a la fe. ¿Entonces qué hacer? Una madre y autora ha sugerido:

En ocasiones les digo a las personas que tomen todo ese dolor, levanten sus manos y lo entreguen todo a Dios. Él es el único que puede darte paz. Solo Él puede traer a nuestros hijos y llevarlos hasta el potencial dado por Dios. Puede que ellos no estén llenando nuestras expectativas y sueños, pero Dios puede cumplir su voluntad en sus vidas si lo dejamos obrar. Como padres, es importante permitirle al Señor que dirija a nuestros hijos y obre en ellos sin interferir con nuestro enojo, amargura y tristeza.[5]

La autora Catherine Marshall en una ocasión compartió una página de su diario sobre cuando el Señor le habló con respecto a su familia. Ella no estaba lidiando con una situación de un hijo pródigo en ese momento, pero sus palabras son pertinentes a nuestro tema:

Me mostró que mi esposo, mis hijos y nietos no son míos, sino de Dios. Él no solo está preocupado por ellos como yo, sino que los ama mucho más de lo que yo pueda amarlos.

Por lo tanto, debía quitar mis posesivas y egocéntricas manos del medio. Así que en un acto de renuncia, lo hice.

Entonces vino un toque hermoso. Estaba leyendo en los Salmos cuando de momento estas palabras saltaron de la página:

"El Señor cumplirá su propósito en mí..." (Salmo 138:8, BdLA).

Pude reclamar esta promesa, y lo hice para mi familia. Años atrás el Señor comenzó una obra en estas vidas. Es su negocio perfeccionar lo que Él ha comenzado. Él ha prometido que lo hará. Yo he reclamado y aceptado esa promesa. Es tan buena como si ya se hubiera cumplido. Mi corazón está firme en su regocijo. Un peso tras otro se ha ido de mí.[6]

Catherine compartió la oración de renuncia que hizo, un excelente ejemplo para nosotros seguir a medida que ponemos a nuestros seres queridos en las manos de Dios:

Yo confieso, Señor, mi espíritu demandante. Te he dicho cómo la oración pudiera ser contestada. Para vergüenza mía, incluso he regateado contigo. No en balde mi espíritu se siente tan dolido y preocupado.

Ahora, Señor, deseo rendir todo este esfuerzo propio. Te deseo en mi vida más de lo que deseo estas cosas por las que he estado orando para que sucedan. Así que voluntariamente, te entrego todo esto, quitándome yo para que estés libre de hacer tu voluntad en mí o a través de mí.

¡Cuán agradecida estoy al darme cuenta de que la respuesta a mi oración no depende en absoluto de mí![7]

Oración

Señor, ayúdame a dejar a mis seres queridos por completo en tus manos. A menudo yo lo tomo a él (ella) de regreso y me preocupo aun cuando estoy orando. Repaso en mi mente, todos los detalles sórdidos de lo mala que es esta situación. Perdóname por olvidarme que yo tengo que entregar todo aspecto de la vida de _____ a ti. Sé que puedo confiar en ti para traer de regreso a este hijo pródigo a tus caminos, y a través de cualquier circunstancia que tú consideres. Ayúdame a entregarte a _____ sin reservas. Oro en el nombre de Jesús. Amén.

Preguntas para meditar

1. ¿Estoy dispuesta a darle a Dios permiso para hacer lo que sea necesario para atraer a mi hijo prodigo hacia Él?

2. ¿Qué pasos puedo yo tomar para dejar de controlar las circunstancias en la vida de esta persona?

Notas:

1. Joy Dawson, Intercession: *Thrilling and Fulfilling* (Seattle: YWAM Publishing 1997), p. 41.
2. Ron Mehl, *God Works the Night Shift* (Sisters, OR: Multnomah Publishers, 1994), p. 144.
3. Paul Billheimer, *Destined for the Throne* (Fort Wahington, PA: Christian Literature Crusade, 1975), pp. 67,68.
4. Ibid.
5. Joyce Thompson, *Preserving a Righteous Seed* (Dallas: CTM Publishing, 1998), p. 37.
6. Catherine Marshall, *Teachings from Catherine Marshall's Journals* (Lincoln, VA: Breakthrough, Inc., n.d.), p. 29.
7. Ibid., p. 31.

CAPÍTULO CUATRO

Pródigos en prisión

*Me ha enviado a proclamar libertad a los cautivos y dar vista
a los ciegos, a poner en libertad a los oprimidos.*

LUCAS 4:18

*Oré repetidas veces: Padre, haz lo que sea necesario con Richard
para traerlo de regreso, excepto ponerlo en la cárcel.
Un día, cuando lo dejé, Dios me dijo"*

¿Por qué no quieres que él vaya a la cárcel?

*Yo le di lo que pensé que era una respuesta obvia.
¡Padre arruinaría su vida!
Para mi sorpresa Dios me volvió a preguntar:*

¿Por qué no quieres que él vaya a la cárcel?

*Examiné mi respuesta y dije: "Bueno, a decir verdad, si Richard
termina en la cárcel su nombre aparecerá en los periódicos".
Nosotros vivimos en un pueblo pequeño y a las personas
en el mundo entero les encanta publicar cualquier cosa
mala sobre los ministros y las iglesias.
Entonces, ¿qué pensarían ellos de nosotros?*

*Dios respondió con bondad: "Ves, el problema es tu orgullo.
Y me di cuenta que me preocupaba menos cómo
la cárcel afectaría la vida de Richard, que
tener mi nombre rodando por el polvo".[1]*

PASTOR PETER LORD

Para muchos padres de hijos pródigos que terminan en la cárcel, esto puede ser lo peor que ha sucedido. Pero incluso en la oscuridad y atadura de una prisión, el Espíritu Santo es capaz de ministrar luz y libertad. Corrie ten Boom dijo en una de sus charlas: "Cuando sucede lo peor, lo mejor está por llegar".

Una madre cuya hija fue arrestada y puesta en la cárcel por cargos de drogas, atravesó lo que ella llama su peor pesadilla. En el juicio vio a su hija que era escoltada en la corte con esposas y grillos; luego la visitó en la cárcel.

Ella dijo: "Por dentro, yo estaba gritando, *no puedo atravesar esto*. Pero el Señor me llevó cuando mis piernas se sentían débiles y mis emociones estresadas al límite".

En el último informe su hija había terminado dos fases de rehabilitación, tenía empleo y le iba bien. Ella le dijo a su mamá muchas veces que Dios la siguió mientras estuvo alejada de Él, cuidándola, manteniéndola viva y enviando personas y situaciones a su vida a fin de darle una oportunidad.

La mamá escribió: "Nunca he conocido a un adicto o alcohólico ya recuperado que no testifique que alguien estaba orando por su caso, de lo contrario no estarían vivos".[2]

Cuando el sargento de la policía telefoneó a Peter y a Johnnie Lord a las 5:00 A.M., diciéndoles que su hijo estaba en la cárcel por posesión de drogas, ellos tuvieron que tomar una decisión. El pastor Lord escribió:

> Le había dicho a Richard que si era arrestado por usar drogas, nosotros no le íbamos a pagar una fianza para que saliera. "Asegúrate de que estás preparado para vivir con las consecuencias de tus decisiones" –le dije. Dios tuvo que fortalecernos para dejar a Richard en la cárcel, y Él lo hizo. Esto fue posiblemente una de las mejores y más duras experiencias de aprendizaje que Richard ha tenido. Con toda certeza dejó una huella memorable en nosotros.[3]

Richard regresó al Señor, y más tarde estudió para el ministerio y se hizo pastor.

Encontraron libertad tras las rejas

Recientemente, el hijo de mi amiga Anne (le llamaremos Joe) escribió desde la prisión para dejarme saber (a Quin) que ahora está sirviendo a Dios. He aquí una porción de esa carta:

> Miembros de la familia cristiana representaron un papel importante en mis años de formación. Fuera de lo que yo aprendí en mi propia casa, otros familiares se involucraron mucho. Por ejemplo, mi abuela materna enseñó en la escuela dominical a los niños en nuestra iglesia y mi abuelo paterno era un diácono. Yo crecí

definitivamente bajo la influencia de muchos cristianos de la familia. Desdichadamente, mi vida no resultó ser lo que muchos esperaban. A pesar de decidirme por el cristianismo y bautizarme bien chico, le volví la espalda a Dios y comencé a tener roce con la ley antes de los trece años. Con el tiempo, terminé pasando alrededor de cuatro años de mi adolescencia en varios ranchos para varones, hogares juveniles, escuelas de reformatorio y cárceles.

Desde entonces he pasado más de veinticinco años de mi vida en prisión, con pocas probabilidades de salir. Pero esos primeros años con mi familia no fueron en vano. Llegó el momento en que me encontré en una encrucijada, con Dios diciéndome de forma muy simple: "Escoge". Si no hubiera crecido en un medio cristiano y apoyado durante esos años perdidos por las oraciones vigilantes de mi familia y otros cristianos, puede que no fuese sensible a Dios ni incluso hubiera comprendido lo que me estaba diciendo. Afortunadamente para mí, fui sensible y entendí Su mensaje.

Ahora veo que Dios me está enseñando cómo encontrar su libertad incluso tras las rejas, no importa cuán desesperada parezca mi situación. Eso fue posible solo cuando decidí someterme a la voluntad de Dios, y le doy muchas gracias por la maravillosa familia y los cristianos que usó a través de los años, a fin de prepararme para tomar esta decisión.

¡Qué emoción fue recibir su carta! Recuerdo el día, hace más de veinte años, cuando por primera vez oré con Anne, la mamá de Joe, que es una de mis compañeras de oración. Ella me contó entonces acerca de su propio proceso, el que tuvo que pasar para rectificar delante de Dios antes de orar con efectividad por su hijo en la cárcel.

"Después de ser cristiana, un día, estaba leyendo mi Biblia y oraba por Joe –dijo–. Cuando llegué al segundo capítulo de Joel, este verso atravesó mi corazón: 'Ahora bien, afirma el Señor, vuélvanse a mí de todo corazón, con ayuno, llantos y lamentos' (v.12). Con ese verso, Dios prendió una luz en mi corazón, revelando mi amargura, enojo y falta de perdón. Me arrepentí en ayuno, lágrimas y oración. Y le pedí a Dios que me cambiara. Luego, comencé a reclamar la promesa de Joel 2:25: 'Yo les compensaré a ustedes por los años en que todo lo devoró ese gran ejército de langostas'.

"Aunque no he sido el tipo de madre que mi hijo necesitaba en sus años de crecimiento, creo que Dios restaurará los años que las malvadas 'langostas' comieron de mi vida y que Joe aceptará al Señor".

Para Anne, fue un gran salto de fe. ¿En qué consiste la restauración de Dios? ¿En sacar a su hijo de la prisión? ¿En llevarlo al conocimiento de su necesidad de un Salvador? ¿En protegerlo de personas abusadoras en la prisión? Ella sabía que no iba a limitar a Dios. Más que todo, deseaba ver a su hijo convertido en un seguidor de Jesús. Aunque le tomó años de oración y de creer en las palabras de Dios, Anne vio el mayor de todos los milagros. Joe aceptó a Jesús como su Señor, aun en la cárcel.

Hoy Anne es una de las madres cristianas más gozosas que he conocido. Es más, es una fuerte intercesora por el sistema de prisión estatal, ora por los encargados, presos, guardias y capellanes. Es posible que muchas madres estén tan devastadas al tener a su hijo en la prisión que ni piensen en interceder por los compañeros de ellos. Pero Anne está muy agradecida al Buen Pastor por hallar a su oveja perdida tras las rejas.

La fianza

Lou, otra madre que ora, comparte la historia acerca de su hijo pródigo en la cárcel. Mientras estaba aún en la escuela superior, el deseo de conocer mundo llevó a Daren a querer recorrer el país.

Lou y su esposo le prometieron que si él terminaba la escuela, y asistía a la boda de su hermana, lo ayudarían y lo enviarían con su bendición. Él estuvo de acuerdo, aunque no de muy buena gana.

Entonces comenzó a viajar, principalmente de aventón. Decía que casi siempre que alguien lo recogía resultaba ser un cristiano que le aconsejaba que se fuera "a su casa". En una ocasión robó dinero para drogas, usando un cuchillo para amenazar a su víctima, aunque nunca tuvo la intención de causarle daño físico.

Pasó un año mientras sus padres fielmente oraban por su hijo para que regresara al Señor y a su hogar. Las ansias de conocer mundo continuaron hasta que al fin Daren llegó al final de su soga.

Una noche, mientras Lou estaba leyendo la Biblia alrededor de la una de la mañana, escuchó un golpe en la puerta. Cuando ella abrió, Daren cayó en sus brazos y le dijo: "Bueno estoy listo para rendirme".

Él confesó su parte en un intento de robo a mano armada, la sentencia que enfrentaba era de seis años en la cárcel. Los padres y amistades oraron, y le escribieron cartas al sistema judicial, apelando por clemencia. Daren fue hallado culpable, pero después de tres semanas en la cárcel fue puesto en libertad bajo fianza, una gran suma que sus padres proveyeron hipotecando su casa.

"Después de su experiencia en la cárcel, regresó a la casa un hombre cambiado –reportó Lou–. Él no buscó de nuevo a los amigos y no volvió a consumir drogas. En lugar de eso, se quedó en casa, buscó un trabajo y comenzó a asistir a la iglesia con nosotros.

Daren nunca dio otro paso de desobediencia que pudiera llevarlo de regreso a la cárcel o causar que sus padres perdieran la casa. Hoy, veinticinco años después, es un hombre cristiano casado, con dos hijos. Sus padres continúan dándole gracias a Dios por traer de regreso a su hijo pródigo. Lou, ministra a las mujeres en prisión, comparte la historia de su hijo para ayudar a otros pródigos y animar a aquellos que están orando por ellos.

Cárgalo a mi cuenta

Veamos una de las historias de uno de los fugitivos en la Biblia, Onésimo. Él era un esclavo desertor de la casa de Filemón, un amigo rico del apóstol Pablo. La iglesia en Colosa se reunía en su casa.

Aunque no sabemos con exactitud por qué Onésimo se fugó, sí sabemos que cuando llegó a Roma tuvo un encuentro con el apóstol Pablo, un prisionero bajo arresto domiciliario. Es probable que Onésimo había sido arrestado y puesto a trabajar como sirviente en la casa donde Pablo estaba detenido. De todas maneras, Pablo no perdió tiempo para llevar a Onésimo a Cristo y disciplinarlo.

Es claro que Pablo deseaba mantener a Onésimo como un colaborador, pero primero buscó reconciliar al esclavo y al amo a quien le había faltado. Así que envió al fugitivo de regreso a Filemón con una carta de recomendación.

Aunque la iglesia en Colosa se reunía en su casa, él no había convertido al esclavo a la fe cristiana. Escaparse significaba un castigo severo, incluso la muerte, si el esclavo era atrapado. Así que Onésimo estaba tomando un gran riesgo al regresar a su amo. La carta de Pablo a Filemón incluía un cheque en blanco, por así decirlo. Él le dijo: "Si te ha perjudicado o te debe algo, cárgalo a mi cuenta. Yo Pablo, lo escribo de mi puño y letra: te lo pagaré; por no decirte que tú mismo me debes lo que eres" (vv. 18-19). Por supuesto, Pablo había guiado a Filemón a Cristo, así que el dueño del esclavo tenía con el apóstol una deuda de gratitud.

Jesús, por su sacrificio en la cruz, compró la libertad de una muerte eterna para cada persona que acepte el perdón. Su acto de sacrificio le dice a Dios Padre: "Ves a ese, carga su deuda a mi cuenta, es uno de los míos".

Yo (Quin) tengo una amiga para quien esta historia se convirtió en una salida de la prisión de su amargura, que ella misma hizo. Su hijo pródigo a quien había adoptado cuando tenía solo un año de edad, la había herido profundamente y luchaba con la falta de perdón. Aunque él ya no era un niño y se había ido de la casa, aún era rebelde, agresivo, y mal hablado siempre que estaba alrededor de ella. Él solo le mostraba desprecio.

Un día ella le pidió a Dios que le ayudara a sobreponerse a su actitud de resentimiento hacia su hijo y la forma de él tratarla. Sintió que el Señor la dirigía a leer el pequeño libro de Filemón. Cuando ella cerró la Biblia fue como si Jesús le dijera con voz resonante desde el cielo: "Marcy, si él te debe algo, cárgalo a mi cuenta. Pero no olvides que tú me debes la vida. Yo amo a tu hijo tanto como te amo a ti".

Con lágrimas de arrepentimiento, perdonó a su hijo. Luego tomó la decisión de caminar en perdón. Siempre que él venía a su casa después de esa ocasión y continuaba tirando las puertas y gritándole, respiraba en silencio, "Jesús te lo cargo a tu cuenta". Ella pudo mantener el control siempre que él explotaba, recordándose a sí misma que no era responsable por su comportamiento, solo por el de ella. Ya no está más atada a una prisión de amargura.

Ahora ora por él con una nueva conciencia de su necesidad de un Salvador y una mayor apreciación de lo que Jesús ha hecho por ella. Como lo fue para Marcy, esta técnica aclara el aire, haciendo posible la restauración de una relación de amor, y pone un fundamento bíblico para recibir el perdón de Dios (Mateo 6:14,15).

El perdón está disponible para todo problema. Dios no desea que nos guardemos para las cosas "grandes". En ocasiones los padres echan a un lado las heridas de sus hijos o ignoran lo que ellos consideran trivial, sin darse cuenta que aún las cosas pequeñas pueden convertirse en bloqueos serios en la relación. En algunos casos podemos ayudar a prevenir a nuestros hijos de convertirse en hijos pródigos, lidiando con problemas pequeños cuando surgen, pidiendo perdón cuando sea necesario y manteniéndose fiel en la oración.

Abuelas, importantes pilares de oración

Stephen era un hombre joven que estaba destinado a la destrucción, por su vida de adicción a las drogas y el crimen. Durante veintiocho años, Joan, su abuela paterna, oraba fielmente por él. Desde que nació, Joan sintió que el Señor le mostraba que Él había escogido el nombre de este niño y que algún día sería como el Esteban de la Biblia (Hechos 6:5,8). A medida que crecía, Joan le decía que Dios tenía un plan para su vida.

Después que los padres de Stephen se divorciaron, una madre alcohólica, adicta a las drogas y un padrastro lo criaron. Él comenzó a usar drogas a la edad de trece años, y a los diecinueve cumplió su primer término en la cárcel bajo el cargo de posesión de drogas. Estuvo entrando y saliendo de la cárcel los años siguientes, al fin fue sentenciado a tres años y medio por felonía y posesión de armas. Durante este período en la cárcel, él le entregó su vida al Señor. Pero cuando salió después de servir menos de una tercera parte de la sentencia, regresó a sus viejas andanzas.

"Yo pensé que ahora era cristiano –dijo él–. Pero de inmediato me involucré en una relación adúltera; luego conseguí empleo mintiendo en la solicitud de trabajo, y antes de lo que pensaba estaba tomando drogas de nuevo. Cuando me despidieron por mentir, comencé a manufacturar metanfetaminas y traficar con drogas a "tiempo completo".

Cuando Stephen recibió la noticia de que su madre había tomado una sobredosis de drogas y fue necesario llevarla de emergencia al hospital, se desesperó, le rogó a Dios que la sanara y le prometió que cesaría de consumir drogas y traficar con ellas. Dios en su misericordia salvó la vida de su mamá, pero Stephen no cumplió con su parte del trato. Pronto estaba tomando drogas y fue arrestado de nuevo.

"Esa noche le dije a Dios que cumpliría con el tiempo si solo regresaba a mi corazón –dijo–. Pasé toda la noche orando. Jesús había logrado ahora mi atención, y no podía seguir huyendo. Él regresó a mi corazón, y me dio la paz que nunca había conocido antes. Yo sabía que no debía jugar más con la misericordia de Dios.

Stephen fue sentenciado a dos años de cárcel, pero al fin con certeza había rendido su corazón a Dios. Mientras cumplía su tiempo, pudo testificar y ministrar a otros en la prisión. Joan le llevaba Biblias, libros, cintas y videos y él amaba estudiar la Palabra.

Ningún intercesor desea que el hijo pródigo por el cual está orando vaya a la cárcel, pero en algunos casos allí es exactamente donde el extraviado tendrá un encuentro con Dios.

"Cuando Stephen fue puesto en libertad –cuenta Joan–, él vino a vivir con mi esposo y conmigo. Dios ha traído el gozo del Señor a nuestro hogar y el avivamiento a través de Stephen. Cuando le visitamos en la prisión, un guardia me dijo cómo la atmósfera cambiaba cuando Stephen llegaba y compartía el amor de Dios. Él fue bautizado y el capellán nos envió un video para que pudiéramos ser testigos de este acontecimiento tan especial. Stephen espera asistir a la escuela bíblica y estudiar música para llevar a otros a la adoración a Dios.

Ningún intercesor desea que el hijo pródigo por el cual está orando vaya a la cárcel, pero en algunos casos allí es exactamente donde el extraviado tendrá un encuentro con Dios. Nosotros le damos gracias a Dios por esos cristianos que laboran entre los delincuentes y prisioneros, que ven más allá de las barras, perciben su potencial y cuidan de sus almas. Fawn Parish es una de estas. Ella escribió:

En una ocasión le enseñé a adolescentes encarceladas. Muchos de mis estudiantes habían cometido asesinatos y otros crímenes serios, tenía muchas esperanzas de lo que ellas podían aprender. Les traía buena literatura que exploraba lo que significaba el ser un humano. Les pedía que buscaran en el interior de sus mentes y corazones. Yo estaba consciente de que Dios podía cambiar a cualquiera de ellas en un momento, capturar sus corazones y transformarlas. Sabía que Dios tenía un destino para ellas que trascendía su presente realidad.[4]

Nunca me fugaré de nuevo

Una madre nos escribió sobre el dolor al que su hijo la sometió. Mirando hacia atrás, recuerda cuando su hijo cambió por completo. Después de aplicarle las vacunas contra la rabia, no fue más el niño dulce y gentil. A menudo se volvía enojado, huraño, ofensivo, agresivo y fresco, entonces se volvía dulce de nuevo. Después de un tiempo se enteró por un artículo de una revista que las vacunas contra la rabia en ocasiones afectan partes del cerebro y cambia la personalidad de la persona. Oh Señor, ¿qué le hicimos a nuestro hijo? Clamó en silencio.

Rob le dio su vida al Señor a la edad de diecisiete años, pero después estuvo huyendo de Él. Tanto su papá como su hermano murieron en un accidente de tráfico. Luego su matrimonio se rompió y pronto debía más manutención del niño de lo que podía pagar. Él robó un auto, fue arrestado, violó la fianza y se convirtió en un fugitivo de la justicia. Todo esto mientras su madre estaba firme en oración parada en la brecha por él.

"Yo cantaba una canción especial durante ese tiempo titulada, 'Rejoice, Rejoice, My Son Is Coming Home Again' (Regocíjate, regocíjate, mi hijo regresa al hogar) —nos dijo ella—. Lloraba, luego me reía mientras veía por fe a Rob regresar a la casa y a Jesús. Las palabras encajaban con mis oraciones, porque ellas eran de la parábola del hijo pródigo en las Escrituras."

Un tiempo más tarde al fin fue arrestado y puesto en una centro correccional. Desde allí él escribió esta carta:

Son demasiadas las cosas que no tienen esperanza ahora mismo. Sin embargo, yo sé que Dios me va ayudar en medio de todas ellas. Sabes, le di mi vida de regreso a Él, y ahora, siento más paz que toda la que he tenido en veinte años. No lo hice como una apuesta para salirme de este problema. En realidad, Dios ha estado tratando conmigo durante más de veinte años, y yo he estado huyendo... pero Él me atrapó. Ahora sé que nunca más huiré de Él. Puede que no haga todas las cosas perfectas durante el resto de mi vida, pero [1] mas viviré con Él.

Rob admitió que durante los veinte años alejado de Dios, casi no pasó un domingo donde no sintiera que debía ver un programa cristiano en la televisión. Pero no lo hizo. Todos esos años su fiel madre que oraba, nunca abandonó la esperanza de ver de regreso a su pródigo. Ella escribió: "Yo me regocijo. Por la misericordia de Dios mi hijo pródigo ha regresado a Jesús".

Doble bendición

Es maravilloso ver el efecto de lo que sucede cuando nosotros oramos por miembros de la familia. Lorraine es un ejemplo de este principio. Durante años ella oraba por su hermano Stuart y su familia para que vinieran a Cristo. Su respuesta típica era: "No me molestes hablándome de religión". No importaba lo mucho que oraba por él, no veía ningún resultado positivo.

Un día el hermano de Lorraine llamó para decirle que su hijo Bart, que había estado en la cárcel por robo, saldría prontor. Él había estado encarcelado por vender artículos robados, cosa que hacía para sostener su hábito a las drogas, y su matrimonio se había roto.

"¿Puedes con tu esposo ayudarle a encontrar un lugar donde quedarse? –preguntó Stuart–. La cárcel no queda lejos de donde ustedes viven".

Lorraine y su esposo acordaron invitar a Bart a quedarse con ellos. Más tarde supieron que él había tenido un encuentro con Dios mientras estaba en la cárcel. Un capellán le había preguntado: "¿Me permites orar por ti?" Bart estuvo de acuerdo, y mientras el capellán oraba, sintió una energía como un fuego que lo atravesó mientras el poder de Dios lo tocaba. Después de esto nunca más faltó a la capilla o a un estudio bíblico en la cárcel.

El sobrino de Lorraine vino a vivir en la habitación del segundo piso. Como un nuevo convertido con hambre y sed espiritual, comenzó a trabajar en el ministerio cristiano de su esposo, asistiendo a la iglesia con regularidad y con el tiempo se casó con una mujer maravillosa que había conocido a través del grupo de apoyo para ex adictos a drogas.

Al principio Bart estaba renuente a dejar que su papá Stuart, supiera que era un cristiano comprometido. Aunque él había asistido al campamento de jóvenes de la iglesia de adolescente y en ocasiones asistía a la iglesia, nunca fue un creyente verdadero. Pero a medida que él crecía en la fe, después de su experiencia en la cárcel, comenzó a sentirse ansioso de que su padre conociera a Cristo de una forma íntima.

Lorraine sabía que Dios estaba respondiendo sus oraciones cuando Stuart estuvo de acuerdo en asistir a una reunión cristiana de hombres con su esposo y Bart. En la reunión el líder animó a los hombres a familiarizarse con aquellos que estaban sentados alrededor de ellos en las bancas del estadio.

—Dile al hombre que está sentado detrás cómo conociste al Señor —dijo el orador.

Bart se había salido de su asiento por un minuto, pero un hombre se volteó para darle la mano a Stuart y le preguntó cómo había venido al Señor. Todo lo que Stuart pudo responder fue:
—Yo me bauticé de bebé y me casé con una episcopal.

Unos momentos después cuando Bart regresó, Stuart dijo:
—Hijo, yo no tenía una respuesta para ese hombre de cómo yo llegué a conocer al Señor.

—Bueno, papá, ¿te gustaría aceptarlo ahora mismo? —le preguntó Bart.

—Sí me gustaría.

Mientras Bart guiaba a su padre en una oración de salvación, las oraciones de Lorraine de más de cuarenta años al fin fueron contestadas. Después de la reunión se agruparon en la cocina, y Stuart lloró mientras le contaba a ella cómo había recibido a Cristo.

—¿Papá está mirando desde el cielo y viendo esto? —preguntó.

—Sí —le dijo Lorraine, yo pienso que sí.

Ahora Stuart lee la Biblia cada día y ora por aquellos miembros de la familia que no han comprometido su vida a Cristo. Mientras tanto, Bart es un administrador del departamento de una compañía cuyo dueño es su tío, y él y su esposa están enseñando a sus hijos a caminar en los caminos de Dios.

¿La lección de la experiencia de Lorraine? Nunca te des por vencido, cree y permanece en pie sobre las promesas de Dios por los miembros de tu familia. Nunca sabrás cuál circunstancia el Señor usará, incluso la cárcel, para contestar esas oraciones y traer reconciliación y sanidad a tu familia.

Si eres el padre de un hijo en problemas con la ley, es posible que pienses que tu pesadilla nunca tendrá fin. Pero Dios cuida de tu hijo, Él está también en el oscuro valle contigo. Puedes sacar fuerzas y consuelo de su amor.

Oración

Señor, estoy agradecida por que no te rindes conmigo. Tu conocimiento me da esperanza de que no te rendirás con mi hijo pródigo tampoco, aun en la prisión. Lleva a las personas que tú escojas para ayudarlo a él (ella) a vivir una vida para ti. Mantén a _____ (nombre) alejado del desánimo y la depresión. Dale a él (ella) paz a pesar de las circunstancias. Protege a _____ de las personas abusadoras que tratarán de hacerle daño físico, y dale a él (ella) favor con las autoridades y amistades con otros cristianos. Te doy las gracias Señor. Amén.

Preguntas para meditar

1. ¿En realidad creo que "cuando lo peor sucede, aún lo mejor está por venir"?

2. ¿Qué cosas positivas ya han sucedido como resultado de esta experiencia en la prisión?

3. ¿Qué buenos resultados podrán venir en el futuro?

Notas
 1. Peter Lord, *Keeping the Doors Open* (Tarrytown, NY: Fleming H. Revell, 1992), pp. 53, 54.
 2. From *A Woman's Guide to Getting Through Tough Times*, © 1998 by Quin Sherrer and Ruthanne Garlock. Published by Servant Publications, Box 8617, Ann Arbor, Michigan, 48107, p. 56. Used with permission.
 3. Peter Lord, *Keeping the Doors Open*, pp 17, 61, 62.
 4. Fawn Parish, Honor: *What Love Looks Like* (Ventura, CA: Regal Books, 1999), p. 160.

CAPÍTULO CINCO

Pródigos secretos

*No te dejes impresionar por su apariencia ni por su estatura,
pues yo lo he rechazado. La gente se fija en las apariencias,
pero yo miro el corazón.*

1 SAMUEL 16:7

*Mi iglesia tiene la tendencia a ser perfeccionista, cosa que
nos ha tentado a todos a seguir el ejemplo de Ananías y Safira
en tergiversarnos de forma espiritual. Los domingos,
las familias bien arregladas emergen de sus automóviles
con una sonrisa en sus rostros aunque, como descubrimos más
tarde, han estado discutiendo de forma abusiva durante toda*

la semana... Nunca se me ocurrió que la iglesia era un lugar
para ser honesto. Sin embargo, ahora mientras trato de mirar
el mundo a través de los lentes de gracia, me doy cuenta
de que la imperfección es el prerrequisito para la gracia.
La luz solo entra a través de las grietas.

PHILIP YANCEY

L a apariencia exterior puede ser engañosa en cuanto a hijos pródigos se refiere. Su comportamiento en la superficie es de tal manera que pocos reconocerían que ellos son en realidad hijos pródigos. Algunos como Esther, es posible que no vayan a un "país lejano", pero se vuelven fríos hacia el Señor en sus corazones y se alejan. Entre los miembros de la familia y amistades, alguno por lo general ve la situación y comienza a orar.

En vías de convertirse en la cabeza de una corporación de negocios de éxito, Esther se volvió una hija pródiga del "clóset" a causa de discrepancias que ella vio en las vidas de algunos cristianos.

El pastor de la iglesia donde crecí predicaba un mensaje duro y legalista, diciéndoles a las personas cómo debían vivir –decía ella–. Sin embargo, en su casa este hombre a menudo tenía ataques de ira y abusaba físicamente de su esposa e hijos. Ellos venían a mi casa buscando refugio para escapar de su ira. Tal contradicción entre el mensaje público y su vida privada me hizo muy cínica sobre el cristianismo en general".

Cuando Esther se graduó de la escuela superior quiso matricularse en la universidad, pero sus padres la convencieron para que asistiera a la escuela bíblica. Ellos le prometieron pagar sus estudios de administración de negocios si primero asistía a la escuela bíblica; ella accedió.

"Yo estaba allí en contra de mi voluntad, así que por supuesto miraba todo de la forma más negativa –dijo–. Pero la administración de la escuela tenía los mismos puntos de vista legalistas que mi pastor y vi la suficiente hipocresía durante dos años como para reforzar mi cinismo".

Esther terminó su educación secular, se casó y estableció una carrera de éxito. Ya que la iglesia había sido siempre una parte de su vida, ella se unió a una iglesia evangélica. Pero su propósito principal era alcanzar el éxito en los negocios, ganar la aprobación de sus compañeros y adquirir todas las recompensas que los logros del mundo pueden brindar. Le era más fácil relacionarse con sus socios que con muchos cristianos, por eso, Esther asistía a la iglesia solo los domingos en la mañana y mantenía la distancia marchándose temprano. Pero tenía una amiga cercana, Sonja, que estaba orando por ella.

"Sonja es una cristiana sincera a quien respeto en realidad –dijo–. Cuando ella me pidió que la acompañara a una ciudad cercana a escuchar a su mamá hablar en un seminario, yo accedí a regañadientes, y muy pronto deseé no haberlo hecho. Pero en la reunión, durante la adoración, realmente experimenté la presencia de Dios de una manera profunda por primera vez. Cuando la mamá de Sonja habló, parecía que estaba atravesando mi alma con su vista. Sabía que Dios me estaba hablando sobre los asuntos de mi corazón y haciéndome responsable de mi actitud pecaminosa. Ya no podía seguir justificando mi falta de compromiso con el Señor al esconderme detrás de la excusa de la hipocresía, tenía que admitir que en realidad era una pecadora".

Cuando Esther se arrepintió por su dureza de corazón y actitud sentenciosa, su forma de pensar cambió por completo. El éxito del mundo y todo lo que éste podía proveer, perdió su atractivo. Dios comenzó mostrándole maneras en las que Él deseaba que ella se involucrara en el ministerio en lugar del mundo de los negocios. Pronto renunció a su trabajo y se ofreció de voluntaria como administradora y consultora para un importante ministerio de oración. Sus años en el mundo de los negocios ahora eran de mucho beneficio para esta organización.

"El cambio que vino a mi vida fue como un remolino –dice Esther–. Mis socios de negocio y amigos están sorprendidos, porque ahora la prioridad número uno es agradar a Dios y edificar su reino. Aún me molesta ver contradicciones en la iglesia, pero me doy cuenta que estas personas son seres humanos, y no debo juzgarlas, eso le corresponde a Dios. Agradar a Dios por sobre todas las cosas en lugar de hacerlo para el mundo me hizo verdaderamente libre.

Por su propia admisión, Esther era una hija prodiga en secreto, quizás no muy diferente de muchos que se dicen ser cristianos, que llenan las bancas de las iglesias todos los domingos en la mañana, pero sus corazones se encuentran lejos de Dios. La realidad de que Dios es nuestro Padre significa que Él desea una relación personal con cada uno de nosotros. Y hace esto posible a través de su Hijo, Jesús.

Los hijos pródigos secretos están en todas partes. Muchos que se dicen ser cristianos llenan las bancas de las iglesias todos los domingos en la mañana pero sus corazones se encuentran lejos de Dios.

Los pródigos secretos o del "clóset" están en todas partes. Muchos, como Esther, asisten a la iglesia con regularidad. Uno puede decir de ellos lo mismo que Dios dijo de la nación de Israel: "Este pueblo me alaba con la boca y me honra con los labios, pero su corazón está lejos de mí. Su adoración no es más que un mandato enseñado por hombres" (Isaías 29:13).

Marlene, por otro lado, es un ejemplo de las personas a las que Jesús se refirió que escuchan la Palabra "...pero, con el correr del tiempo, los ahogan las preocupaciones, las riquezas y los placeres de esta vida, y no maduran" (Lucas 8:14).

Ella aceptó a Cristo a la edad de doce años y creció en la iglesia con el apoyo de una familia amorosa. Después de alcanzar un certificado en farmacia, sacó su licencia. Después de mudarse a una ciudad grande y establecer una farmacia de éxito, se comprometió con Daniel, quien pertenecía a una familia influyente y pudiente.

Culpable de fraude

"En corto tiempo parecía que lo había alcanzado todo: una casa hermosa en un área exclusiva, un automóvil Mercedes deportivo, un portafolio de inversiones extenso y un prometido prominente –dijo Marlene–. Confiando en estas cosas para mi seguridad, había dejado a Dios fuera de mi vida. Daniel y yo manteníamos nuestras apariencias asistiendo a la iglesia, pagando los diezmos y apoyando causas dignas. Pero sin darme cuenta, en realidad estaba pereciendo".

Aunque sus padres estaban preocupados por su estilo de vida materialista, nunca la confrontaron, solo oraban. La vida de Marlene se vino abajo con rapidez cuando supo que era el centro de una investigación de un abogado federal. Entretenida en el disfrute de los beneficios de su éxito, ella había sido negligente y descuidada con sus empleados para asegurarse que siguieran las normas gubernamentales en un contrato farmacéutico que había ganado. Cuando ella y dos empleados fueron citados, su forma de ganarse la vida y todo su estilo de vida de pronto estaban en peligro.

"Mi lugar de refugio era la negación –dice Marlene–. Yo rehusé considerarme a mí misma como una criminal o incluso pensar sobre la posibilidad de que pudiera ir a la cárcel, aunque si resultaba culpable los cargos eran de cinco a diez años en la prisión federal. Yo vivía bajo la falsa ilusión de que mis abogados encontrarían la manera de sacarme de este aprieto. El jurado regresó con mi veredicto, culpable de fraude, y me dieron una sentencia de cinco años, seguida de tres años de libertad supervisada. Sin embargo, mis empleados fueron dejados en libertad.

Tres semanas después de Marlene ir a la cárcel, Daniel asistió a un estudio bíblico en una casa con un amigo donde él brevemente compartió lo que le había sucedido a su prometida y pidió al grupo que oraran por ella. Luego, un hombre de ese grupo, Gary, sintió que Dios le estaba diciendo que fuera a visitar a Marlene en la cárcel, aunque él nunca la había conocido. Era un escenario algo así como el de Ananías y Pablo, Dios enviando a su emisario a orar por alguien que había estado ciego para "que recobre la vista y sea lleno del Espíritu Santo" (Hechos 9:17).

Después de conducir tres horas para encontrar la cárcel, Gary fue a la sala de visita y preguntó por Marlene. Ella salió cuando el guardia la llamó, esperando ver a Daniel.

–¿Eres tu Marlene? –le preguntó Gary–. Mi nombre es Gary, y Dios me ha enviado, ¿podemos hablar afuera y caminar?

"Al principio estaba un poco desconfiada –dijo Marlene–, pero el hecho de que él conocía mi nombre llamó mi atención. Él parecía tener gran autoridad espiritual. Salimos hasta una esquina del patio de la cárcel y él me preguntó si yo deseaba recibir al Espíritu Santo. En la iglesia no me habían enseñado sobre eso".

"¿Dios te pidió que me hablaras de eso? –le pregunté–. Él me respondió que sí, y yo le permití que orara por mí. Cuando lo hizo, sabía que algo había salido de mí y otra cosa había entrado. Asombrosamente, ningún guardia vino alrededor a investigar por qué un hombre estaba poniendo sus manos sobre un prisionero, yo creo que el Señor cegó los ojos de ellos para hacerme libre".

Una escuela del Espíritu Santo

Después de esta experiencia, la vida de Marlene en la cárcel se convirtió en una escuela del Espíritu Santo a medida que estudiaba la Palabra de Dios y le permitía a Él que le revelara cómo ella había caído en tal atadura. Pronto estaba enseñando clases de Biblia y ministrando libertad espiritual a otras presas. Aunque la cárcel era muy difícil, imperaba un ambiente demoníaco, durante cinco años el Señor lo usó para enseñarle a ella sobre el reino de Dios. Ajeno a Marlene, Dios tenía un plan de verdadera libertad en marcha para ella.

"Aun en medio de mi rebelión, y una vida orgullosa, de autosuficiencia, Dios nunca cesó de buscarme –dice Marlene–. Sé que las oraciones de mis padres y otras personas a quien Dios llamó a orar por mí fueron la clave de mi liberación de la atadura que había gobernado mi vida.

Alrededor de un año y medio después de comenzar su término de cinco años de prisión, Daniel rompió con ella y se casó con otra persona. Pero el Señor habló con ella a través de Joel 2:25: "Yo les compensaré a ustedes por los años en que todo lo devoró ese gran ejército de langostas..." Ella creyó que esto significaba que cuando saliera de la prisión su licencia sería reinstalada, permitiéndole una vez más trabajar como farmacéutica. Después de todo, este era el único medio de ganarse la vida que ella conocía. Cuando ella entregó su licencia al entrar en la cárcel, miembros de la junta parecían comprender su caso. Algunos incluso sintieron que ella nunca debió haber sido declarada culpable.

Después de su libertad, Marlene manejó hasta la capital del estado para reunirse con la junta de licencia para pedir la reinstalación. Mientras estaba sentada en el salón de recepción esperando su turno, oró por los otros farmacéuticos en el salón que estaban pasando por procesos similares. Parece que esto va a ser como coser y cantar, pensó mientras observaba a algunos entrar para su reunión uno por uno y luego salir sonriendo. Pero cuando ella entró al salón, fue como si alguien hubiera tirado una jarra de agua fría sobre el grupo de examinadores. En efecto, ellos le hicieron un juicio de nuevo para al final decirle que no le iban a dar de nuevo la licencia para practicar farmacia.

Ya había pagado una alta multa que había acabado con todos sus ahorros. Ahora esta noticia la había dejado aturdida y sorprendida. Entrando en el elevador para abandonar el edificio, Marlene recibió otra sorpresa, momentos más tarde, cuando todos los miembros de la junta tomaron el mismo elevador. Ella recordó como el Señor le había enseñado que tenía que bendecir a sus enemigos y no maldecirlos, así que les saludo cordialmente. Incluso les dio las gracias por su ayuda cuando abandonó el elevador. Pero cuando llegó al auto y pensó en la realidad sintió mucho enojo.

"Dios, tú me prometiste restaurar los años que la langosta había comido –lloró–. ¿Cómo me ganaré la vida sin mi licencia?

Sin esperar una respuesta, condujo hasta un restaurante donde se iba a encontrar con amistades para cenar, aún sintiéndose enojada con Dios. Durante la cena nadie preguntó cómo le fue en su reunión ni mostraron ningún interés en sus asuntos personales, cosa que le molestó aun más. Pero después, un hombre en el grupo, en privado, le dio un cheque que proveía para más que sus necesidades inmediatas.

"Dios me dejó ver bien claro que mi licencia de farmacéutica no era mi fuente de provisión, Él es mi fuente para todo lo que yo necesito –dijo Marlene–. Durante el período de libertad supervisada, yo había trabajado en varias posiciones para un ministerio evangelístico y una iglesia.

Con permiso del juez, se me permitió abandonar el país en cortos viajes misioneros. Ahora que este período casi ha terminado, yo sé que Dios me guiará en áreas del ministerio que nunca hubiera imaginado. Mientras tanto, algunas de las mujeres a las que les enseñé en prisión continúan las enseñanzas de la Biblia a otras prisioneras, al igual que yo lo hice con ellas.

"Tú puedes regresar"

Marlene llegó a ser una hija pródiga secreta porque permitió que el éxito y las posesiones del mundo sacaran a Dios de su vida. En ocasiones el estar herido y desencantado por el comportamiento de otros cristianos causa que un creyente se aleje de la fe.

Iverna Tompkins describe un período cuando su vida tomó un camino equivocado a causa de relaciones que la desengañaron, la hirieron y la desilusionaron mientras servía en una posición como empleada de una iglesia:

Yo experimenté un profundo desánimo y terminé saliendo de la iglesia declarando: "Si esa es la manera que ellos tratan a los cristianos, no quiero ser parte de eso". Herida y frustrada, dejé que la amargura y el odio llenaran mi corazón por primera vez en mi vida.

Comencé a salir con no creyentes y al final me enamoré de uno y me casé con él. La vida parecía fácil por un tiempo, pero estaba consciente de que algo faltaba. Aunque a menudo yo me sorprendía testificándole a las personas en necesidad, no tenía ninguna vida de oración, no leía la Palabra y siempre estaba contenta de compartir mi amargura sobre los cristianos.

Fue durante mi embarazo que me encaré con la verdad y reconocí que necesitaba la ayuda de Dios. Regresé a la iglesia pero no sentía nada. Mi esposo estaba en el extranjero con las fuerzas armadas, y aunque intenté recobrar mi precioso tiempo con Jesús, me sentí vacía y sola.

Un día le pregunté a Él: "¿Por qué no siento nada?"

"Tú te alejaste; tú puedes regresar" –le escuché decir. Una nueva determinación se apoderó de mí, y día tras día oraba y leía mi Biblia. Un día mientras conducía hasta mi trabajo declaré: "Puede que nunca llore de nuevo o sienta tu presencia, ¡pero pasaré la eternidad contigo porque tu Palabra me lo promete!"

Lágrimas salieron como si se hubiera roto una represa; el gozo reemplazó la aridez que había conocido. Esa experiencia me ha disuadido de alejarme a través de los años, y nunca he dejado de estar agradecida por su presencia.

Me gustaría decir que mi matrimonio mejoró cuando regresé al Señor, pero en realidad se deterioró. Me faltó sabiduría para compartir los cambios que estaban tomando lugar en mi vida, y mi esposo y yo perdimos completo interés como pareja. Después de diez años de matrimonio y dos hijos, mi esposo se fue por última vez.

Hoy Iverna es una líder espiritual respetada que ministra esperanza y ánimo a aquellos que luchan con la desesperación a causa de los fracasos pasados.

"Nada de lo que hayas hecho, ningún error que hayas cometido, pueden descalificarte" –dice ella.

A medida que Iverna aprendía, el Señor deseaba que ella le susurrara a muchas hijas pródigas en el clóset: "Tú puedes regresar". Y como el hijo pródigo en la historia de Jesús, ellos pueden comenzar su peregrinar de regreso al hogar.

Viviendo con un pródigo secreto

Cada uno de nosotros tiene que estar alerta para que las circunstancias adversas que nos desaniman no nos alejen de una relación íntima con el Señor. ¿Pero cuál debe ser nuestra respuesta cuando nos volvemos conscientes de que alguien cerca de nosotros está viviendo una mentira, que él o ella es en efecto, un hijo pródigo en el clóset?

Kerrie tuvo que lidiar con ese mismo asunto cuando comprendió que su esposo, ministro, Walter, tenía doble personalidad, y las dos eran totalmente diferentes. Por fuera él parecía ser un hombre dedicado, un ministro sacrificado que quería alcanzar a las zonas marginadas con el mensaje del amor de Jesús. Pero en privado él era controlador, abusivo y deshonesto. Kerrie había aceptado al Señor cuando era una adolescente en un campamento, y Walter era su pastor de jóvenes. Ya que él era ocho años mayor y Kerrie no tenía ningún antecedente cristiano, tenía la tendencia de aceptar cualquier cosa que él dijera como cierto.

Después que se casaron, el comportamiento de Walter siguió aumentando su turbación, y ella supo que él se entretenía con pornografía. Ella lo enfrentó con la evidencia de que tenía un idilio amoroso, pero él lo negó, así que ella le presentó la evidencia al pastor que estaba sobre ellos. Aunque él despidió a Walter, el pastor decidió mantener la despedida y el asunto de adulterio en silencio. Para él, esto era más fácil que lidiar con el problema.

Kerrie dejó a Walter por un período de tiempo, pero cuando él le prometió cambiar ella le creyó y volvió con él. Ellos se mudaron a otra ciudad y establecieron su propio ministerio para niños y jóvenes. Pero el comportamiento engañoso de Walter continuó.

Ahora que no tenía que dar cuentas a un socio cercano, vivía como le placía. Kerrie se negaba a seguir su juego de mentiras acerca de las finanzas de la iglesia o sobre su condición física cuando una lesión fingida o enfermedad aumentaba su apelación para levantar dinero. Su falta de disposición para cooperar lo enfurecía.

Mientras ella estaba embarazada, Kerrie sospechaba que Walter tenía un idilio amoroso con las mujeres jóvenes en su ministerio, pero ella no tenía ninguna forma de probarlo en el momento. Después del nacimiento de su hija la situación se empeoró.

Kerrie nunca deseó el divorcio. Ella deseaba que Walter fuera aconsejado por un hombre mayor y más sabio, para que él ejerciera su ministerio con integridad en la obra que ellos habían establecido juntos. Ella pidió ayuda a un ministro de otra ciudad que se suponía supervisara el trabajo de Walter. Pero cuando un comité de ministros lo llamó para una entrevista, ellos creyeron su historia de que Kerrie estaba "trastornada" con las presiones del ministerio y lo había acusado falsamente para herirlo. Su único recurso fue orar y pedir la intervención y dirección de Dios.

Cuando su hija pequeña tenía solo tres años de edad, Walter se mudó de la casa y consiguió un apartamento cerca del centro del ministerio. Él cumplía con el apoyo financiero mínimo para Kerrie, pero trataba de manipularla enviándole el cheque tarde o no le daba nada, amenazándola con retirarle toda su ayuda. Entonces él presentó el divorcio con demanda de custodia, haciendo acusaciones falsas en contra de su esposa.

Kerrie sabía que necesitaba perdonar a Walter por toda lo que le había hecho, o ella nunca podría seguir viviendo. Sin embargo, se resistía a hacerlo y ponía excusas delante de Dios, tales como: "Si lo perdono, él puede herirnos de nuevo, además, estaríamos apoyándole su pecado". Al fin ella oró: "Señor, no sé cómo perdonar a una persona que hizo lo que él me ha hecho y aún continúa con amenazas. Pero tú dices que perdonemos, y yo quiero obedecer. Ayúdame Jesús". Una vez que ella venció ese obstáculo, tuvo más paz y confianza de la que había conocido durante años.

Dios continuó interviniendo a favor de Kerrie de formas milagrosas, y cuando al fin el divorcio terminó, las cortes fallaron a su favor. Ella pudo asistir a la universidad para encontrar un trabajo decente y encargarse de su hija.

"La noche que escogí perdonar a Walter, el Señor me quitó una carga pesada de mi espalda –cuenta Kerrie–. Yo no sabía que estaba allí hasta que se fue. Pensaba que el perdón era un regalo para uno que abusa, pero fue la libertad para mí. Dios nunca nos ha fallado, y sé que Él nunca lo hará".

Hasta la fecha, Walter es un hijo pródigo en el clóset (secreto). No se ha hecho responsable de ninguno de sus malos actos, sin embargo, continúa en el ministerio público como si nada estuviera mal. Muchos de sus socios empleados se han ido a causa de sus tratos deshonestos, y se han disculpado con Kerrie por creer las mentiras que Walter les dijo sobre ella. Kerrie ha dejado sus cosas en las manos de Dios, ella sabe que es solo responsable de sus propias acciones y actitudes. Pero está libre de la atadura de la amargura sentenciosa y falta de perdón, y está a salvo en la abundante provisión de Dios.

"Dios siempre tiene un plan"

Víctor, un hombre joven, popular y líder en su iglesia, se convirtió en un pródigo secreto porque él se complacía en un pecado oculto hasta que lo controló. Su mamá, Maggie, y su esposo creían que si formaban a su hijo en los caminos de Dios desde niño, él no se alejaría de la verdad cuando fuera grande (Proverbios 22:6). Y así lo hicieron. Víctor recibió a Cristo a la edad de doce años, y un año más tarde fue bautizado.

"Durante sus años de adolescente, sentimos que el Señor de forma misericordiosa guardó a Víctor de las malas influencias –dijo Maggie–. Él parecía ser capaz de discernir bien la Palabra de verdad y de compartirla con otros. Cuando tenía poco más de veinte años, en ocasiones, compartía el púlpito los domingos en la mañana, enseñaba a la juventud en los campamentos de verano y servía a menudo en el campo misionero".

A la edad de veintiséis años, Víctor se casó. Él y su esposa tuvieron tres hermosos hijos. Dios lo bendijo con un negocio próspero y él compartía con generosidad. Aparentemente, todo parecía estar bien en su vida. Pero había algo que su familia y amigos ignoraban, y era que Víctor había permitido que la

pornografía se apoderara de su vida cuando él tenía quince años.
Con el tiempo, los malos hábitos comenzaron a controlarlo.

Cuando su pecado oculto fue expuesto, Víctor comenzó a
beber, tomar drogas y a tener idilios amorosos. Su esposa lo dejó,
el negocio fracasó y las relaciones cercanas con las personas que él
amaba se deterioraron. Él se enfermó mentalmente tanto que fue
hospitalizado, luego internado en un centro de rehabilitación.
Algunos aseguraban que su problema era irreversible.

Pero Maggie, junto a muchos de sus amigos, estaba orando,
ayunando y aferrada a las promesas de Dios en cuanto a su hijo.

"En realidad, ningún tipo de consejería, ninguna intervención
de nuestra parte, parecía ayudar –dijo ella–. Nos sentíamos
totalmente impotentes. Pero Dios siempre tiene un plan, y
siempre es poderoso".

Alrededor de ese tiempo, un amigo de Víctor de la niñez fue a
su centro de rehabilitación y consiguió permiso para llevarlo a su
casa. Por más de un año este amigo y su esposa se hicieron cargo de
Víctor, tratándolo como a un miembro de la familia.

"Al fin, mi hijo regresó a su sano juicio –dijo Maggie–. Él clamó
al Señor y expresó un profundo arrepentimiento por su
comportamiento. Las relaciones con su esposa e hijos, de cinco,
diez y catorce años están siendo restauradas. Aunque él y su ex
esposa no se han casado de nuevo, él ve a sus hijos con regularidad.
Su negocio está siendo restaurado y él está considerando ir de
nuevo a viajes misioneros. Ha sido una larga y dura batalla, pero
yo me regocijo al ver cómo Dios está obrando en su vida".

Un doble estilo de vida

Los hijos pródigos del clóset (secretos) a menudo experimentan
un cambio total por ellos mismos, solo porque el Espíritu Santo
les da convicción y los inquieta.

En un artículo en *Christianity Online Magazine* el autor Max Lucado nos cuenta de sus años de escuela superior cuando él, en sus propias palabras, "caminó el camino del hijo pródigo" pero lo mantuvo oculto de sus padres. Él dijo: "Durante ese período, yo posiblemente olvidé cada uno de los valores que me habían enseñado. Iba a la iglesia, pero no escuchaba. Yo no cantaba. Vivía una doble vida".

El patrón continuó después que se matriculó en una universidad cristiana. Pero cuando tomó un curso que era obligatorio, sobre la vida y enseñanzas de Cristo, comenzó a ver a Jesús bajo una luz diferente. Poco tiempo después, el sermón de un predicador local de la radio hizo un tremendo impacto en su vida. "Según recuerdo hablaba del porqué Jesús murió en la cruz... Me obligó a manejar hacia un lado de la carretera y decir: 'Oye Dios, te doy mi vida de nuevo a ti'".

Este antiguo hijo pródigo continuó y completó su grado de teología y luego sirvió como misionero en Brasil. Hoy es un ministro respetado y un autor de libros de inspiración, los cuales han bendecido a millones de personas. "Cuando yo comienzo a sentirme altanero, miro hacia atrás a donde estaría sin la gracia de Dios" –dice él.

Sí, hay esperanza para los hijos pródigos que están en el "clóset".

Un ejemplo bíblico de un doble estilo de vida es el rey David, cuando él cometió adulterio con Betsabé y luego hizo que su esposo fuera asesinado para disimular su pecado (2 Samuel 11). Dios envió al profeta Natán a retar a David, "¿Por qué entonces, despreciaste la palabra del Señor haciendo lo que me desagrada?" (2 Samuel 12:9). El enfrentamiento trajo arrepentimiento.

Si alguien en cercano a nosotros, como un cónyuge, un hijo o un hermano, es un hijo pródigo secreto, tenemos que asegurarnos que tenemos la dirección clara del Espíritu Santo antes de confrontarlo. Estas personas están caminando en engaño, así que a menudo no responderán a la razón ni reconocerán la necesidad de arrepentirse. Pero nosotros podemos orar para que sus ojos espirituales sean abiertos y asegurarnos que no tenemos rencor contra ellos. Es posible que Dios quiera usarnos como el instrumento para que ellos sean libres.

Oración

Señor, ayúdame a guardar mi corazón para que no me vuelva amargada por el dolor y el desengaño. Deseo que mi vida brille como una luz brillante para ti, para que los demás deseen conocerte. No más farsa por aquellas personas preciosas por las que he estado orando. Señor, ellos escucharon la Palabra predicada desde el púlpito de vez en cuando. Deja que tu palabra penetre, de Espíritu a espíritu. Perdóname por alejarlos con mi frecuente actitud de juicio. Amén.

Preguntas para meditar

1. ¿Cómo puedo expresar mi amor y preocupación por ellos de formas creativas? ¿He sido alguna vez un hijo pródigo secreto, manteniendo las apariencias pero alejado de Dios en mi corazón?

2. ¿Soy culpable de juzgar muy rápido a los demás, incluyendo mi hijo pródigo, por las apariencias externas?

Notas:

1. Tomado de *What's So Amazing about Grace?* Por Philip Yancey, Copyright ©1997 por Phillips D. Yancey. Usado con permiso de Zondervan Publishing House, p.248.
2. Lucas 15:13 NKJV.
3. Iverna Tompkins, *"When We Wander from God"* SpiritLed Woman (Octubre/Noviembre 1999), pp. 50,51.
4. Randy Bishop, "Simply Max," Chirstianity Online Magazine, 2000. Http://www.christianity.net/cr/2000/001/1.18.html (accedido en Enero 27, 2000).
5. Ibid.

CAPÍTULO SEIS

Padres pródigos

*Fuera de ti, desde tiempos antiguos nadie ha escuchado
ni percibido, ni ojo alguno ha visto, a un Dios que, como
tú actúe, en favor de quienes en él confían.*

ISAÍAS 64:4

*Cuando nosotros intercedemos por otras personas,
estamos entrando en batalla a su favor. ¡Y lo más interesante,
en ocasiones, la victoria que obtenemos en oración a favor
de los demás, en realidad regresa a nosotros
en forma de bendición!*[1]

DICK EASTMAN

Por lo general pensamos con respecto a los hijos pródigos como uno que cede a la presión de los compañeros y se desvía de los valores cristianos con los que fue formado. O tal vez visualizamos a una hija que se casa con uno no creyente y abandona la fe que se le enseñó de niña. Pero en ocasiones el hijo pródigo suele ser uno o ambos padres que eligen desobedecer los preceptos de Dios.

Durante muchos años, Jane había orado por la salvación de su padre, con ninguna evidencia de cambio en su corazón. Pero ella mantuvo su contacto con él y siguió en oración. Entonces recibió el mensaje de que él estaba en el hospital y no se esperaba que viviera. Ella comparte su historia:

Cuando nosotros llegamos al hospital nos quedamos sorprendidos de ver que el derrame cerebral de papá le había dejado paralizado su lado derecho y no podía hablar. Él trató, pero solo podía balbucir. Avergonzado y sin querer que lo viéramos en esas condiciones, movió su brazo en señal de que nos fuéramos.

Papá era amoroso por naturaleza y un lector ávido, un hombre muy humilde, aunque reclamaba ser agnóstico. Todos en la familia lo queríamos muchísimo, pero él sencillamente no tenía interés en entregar su vida al Señor.

Ahora estaba en cuidados intensivos, y los médicos decían que solo le quedaban horas de vida, o en el mejor de los casos unos pocos días. Mientras manteníamos una vigilia en el hospital, me preguntaba cómo podíamos hacer que él entregara su corazón a Cristo.

El domingo en la tarde, llamamos a un pastor local para que viniera a orar por él. A medida que comenzó a orar, papá movió su cabeza un poco, así que sabíamos que había alguna respuesta. El pastor continuó haciendo una oración hermosa, dándole gracias a Dios porque Jesús había muerto para salvar a mi papá.

"Yo creo que tu papá escuchó esa oración –dijo el pastor mientras se iba–. Queden seguros de que continuaremos orando por él esta noche, y yo regresaré a visitarlo".

Esa noche me sentí tan derrotada que no podía dejar de llorar. Todos los años de testificarle a nuestro padre y orar por él parecían en vano. Nuestro precioso papá iba a encararse con la eternidad sin Dios.

Entonces comprendí que el enemigo de nuestras almas estaba allí y que estábamos en guerra espiritual. Mi hermana comenzó a leer las Escrituras en voz alta sobre papá. Con una mano sobre su hombro, leyó durante horas un libro lleno de las promesas de Dios. Mientras se detuvo para descansar, sentí una unción real del Espíritu Santo y comencé a cantar. Canté y oré para que papá pudiera ver a Jesús, y no a nosotros. Yo creo que el Señor estaba haciendo una obra en el corazón de papá mientras cantaba, oraba y leía.

Se me ocurrió que después de setenta y tres años de estar caminando en sus propios caminos, él debía estar derramando lágrimas de arrepentimiento. Le pedí al Señor una señal de que papá estaba escuchando y creyendo. Momentos más tarde, mi hermana y yo observamos con gozo mientras caían lágrimas del borde de su ojo. Comenzamos a alabar al Señor porque creímos que papá había respondido a la invitación de Jesús. Alrededor de las cinco de la mañana del lunes, la paz de Dios descendió sobre nosotros. De alguna manera nosotras sabíamos que papá era salvo. La victoria le pertenece a Jesús.

Durante los próximos días mi hermana continuó leyéndole las Escrituras a papá, pero ahora estábamos limitadas a diez minutos por visita. Más tarde supimos que la parte pensante de su cerebro estaba aún funcionando, aunque él parecía estar inconsciente. Eso le permitió escuchar la Palabra de Dios y aceptar a Jesús. Nosotros sabíamos que aunque el hombre exterior estaba pereciendo, el hombre interior estaba creciendo a medida que escuchaba la Palabra noche tras noche. Su semblante cambió y él estaba más apacible.

Unos pocos días después murió. Papá abrió sus ojos y sonrió, otra señal de que él había recibido el don de la salvación. Él vivió solo doce días después de tener el derrame cerebral, pero durante ese tiempo, Dios fue fiel en contestar años de oración por nuestro padre.

Obreros en la cosecha

Nosotros sabemos que Dios no está renuente a salvar a los pecadores, pero Jesús sí dio instrucciones: "Es abundante la cosecha, les dijo, pero son pocos los obreros. Pídanle, por tanto, al Señor de la cosecha que mande obreros a su campo" (Lucas 10:2). La oración no es solo pedirle a Dios que salve al perdido, también es orar para que envíe obreros que le amen, compartan el evangelio con ellos y los traigan a Cristo. Como voluntarios en su campo de cosecha, necesitamos ser sensibles a la dirección del Espíritu Santo, a medida que Él nos usa para ayudar a responder las oraciones de otra persona por su ser querido. Permíteme compartir contigo la ocasión cuando el Señor preparó una cita divina conmigo:

Una mañana, una llamada telefónica de mi hijo interrumpió mi (Quin) apretado itinerario.

"Mami, la mamá de mi compañero de cuarto está muriendo de cáncer en la garganta en un hospital militar cercano a ti –me dijo él –. Mi amigo hace poco aceptó a Jesús, pero está preocupado porque hasta donde él sabe, su mamá no conoce al Señor. ¿Podrías ir a verla y quizás orar por ella?"

Yo revisé mi itinerario para ese día y le pedí a mi compañera de oración, Fran, que me acompañara en esta visita a una extraña. Cuando entramos a la habitación, Beatrice tenía tanto dolor que casi no podía hablar. Gran parte del hueso del lado izquierdo de su cara había sido removido, y ella estaba rodeada de tubos, gasas y equipo médico. Nos recibió con una leve sonrisa cuando nos presentamos.

–¿Sabías que tu hijo Mickey se ha convertido en cristiano? –le pregunté, tocando directo el tema de nuestra visita–. Mi hijo comparte su habitación con él y ha visto un cambio en él. De hecho, Mickey está preocupado sobre tu condición espiritual.

–Sí; me lo dijo, estoy feliz por él –respondió–. Yo solía asistir a la iglesia cuando era niña, pero no he estado allí en años. Aún recuerdo los antiguos himnos que cantábamos. Pero le volví la espalda a Dios todos estos años,... es demasiado tarde para mí.

Fran tomó la conversación, asegurándole que nunca era demasiado tarde.

–Jesús te acepta ahora mismo donde estás –le aseguró ella–. Solo pídele que perdone tus pecados y dile que deseas ser su hija para siempre.

A medida que Fran le leía varios versos de la Escritura, yo oraba en silencio. Al fin Beatrice dijo: "Estoy lista para pedirle que me perdone y sea mi Salvador y Señor". Nosotras escuchamos mientras ella susurraba una oración: 'Señor Jesús, por favor perdóname por mi rebelión,... por huir de ti. Ven para vivir en mi corazón. Deseo ser tuya'.

Yo la visité unas cuantas veces más, llevándole una Biblia y alguna literatura cristiana. Siempre oraba en voz alta con ella antes de irme. Beatrice se puso muy débil para hablar, pero aún podía apretar mi mano y oraba con ella.

Ella murió en pocas semanas. En la funeraria conocí a su hijo Mickey. –Ella aceptó a Jesús antes de morir –le dije–. Yo escuché su oración en voz baja. Ella estaba muy feliz de que tú fueras cristiano.

Casi no había terminado de hablar cuando una señora mayor me interrumpió: –Perdónenme por escuchar, pero yo soy la mamá de Beatrice. Enseñé en la escuela dominical durante cuarenta años, y no recuerdo un solo día donde no hubiera orado por mi hija pródiga, mi única hija, para que regresara a Jesús.

–Bueno, querida, tus oraciones fueron contestadas –le dije.

–¡Ella llegó al cielo! –exclamó la mujer secándose las lágrimas de sus ojos. "¡En realidad ella aceptó a Jesús justo días antes de morir! ¡Gracias Jesús! Gracias Señor, por tu fidelidad".

Yo dejé la funeraria agradecida al Señor por la oportunidad de ser parte de la respuesta a las oraciones de esa madre y el hijo.[2]

¿Algún problema sin resolver?

Cuando Jenny le entregó su corazón al Señor ya adulta, ella deseaba que su mamá conociera a Jesús también y no solo asistiera a la iglesia en la Pascua y Navidad.

—Yo no había sido una hija confiable o de la cual se podía depender, así que tenía que probarme a mí misma —me dijo ella–. Mamá necesitaba ver que Jesucristo realmente había cambiado mi vida, antes que ella estuviera dispuesta a seguir mi ejemplo.

Jenny y su esposo decidieron que le mostrarían amor y perdón a ella en cada oportunidad. Entonces su mamá estuvo de acuerdo en matricularse en un curso bíblico con Jenny, esto las unió mucho más.

Después de la muerte del padre de Jenny, su mamá comenzó a apoyarse en ella más y más. Un tiempo después, ella entregó su vida al Señor, y ambas comenzaron a relacionarse más íntimamente. Cuando la madre se enfrentó con una cirugía de corazón abierto, ambas se dieron cuenta que ella no saldría con vida.

"Horas antes de la cirugía yo pasé todo el día con ella en la habitación del hospital –dijo Jenny–. Le pregunté si tenía alguna cosa pendiente con Dios o si necesitaba perdonar a alguien. Durante horas mamá descargó su corazón. En cada ocasión que un tópico nuevo de dolor surgía nos deteníamos y orábamos al respecto. Ella habló de algunas áreas muy dolorosas de su vida. A medida que oraba sobre cada área, ambas experimentamos un gozo sobrenatural diferente a cualquier cosa que hubiéramos experimentado antes.

Su mamá vivió quince meses más después de la cirugía. Durante ese tiempo Dios proveyó un grupo de apoyo de amigas de oración para Jenny y un buen cuidado médico para su mamá.

–Nunca es demasiado tarde para que alguien entre en el Reino –declaró Jenny.

Un hijo llama a un padre al arrepentimiento

Cuando Dios le dio la Ley a Moisés, también le dio instrucciones al pueblo para que enseñara sus mandamientos a sus hijos y explicara cómo Dios les había librado de la esclavitud en Egipto. La progresión natural es que la generación mayor inculque verdades espirituales y valores en la más joven. Pero cuando los padres desobedecen a Dios o se alejan de sus caminos, Él puede usar a los hijos para hablarles la verdad a sus mayores.

Cuando los padres desobedecen a Dios o se alejan de sus caminos, Él puede usar a los hijos para hablarles la verdad a sus mayores.

Un ejemplo de esto fue Gedeón. Debido al pecado de Israel, quienes habían desobedecido a Dios al adorar a los ídolos, Él permitió que su tierra fuera ocupada y saqueada por los crueles madianitas. Cuando el pueblo clamó a Dios, él envió un ángel a comisionar a un hombre joven llamado Gedeón para que combatiera contra los enemigos de Israel. Pero primero él tenía que derribar el altar de Baal que su padre había edificado. Cuando eso fue hecho, Dios le dio a Gedeón la victoria al vencer a los madianitas (Jueces 6,7).

Otro ejemplo es Samuel y su padre, Elí el sacerdote. Él permitió que sus hijos deshonraran el tabernáculo. Dios habló por medio del niño Samuel para avisarle que Él iba a juzgar a su familia por causa de este pecado (1 Samuel 3).

En ambos casos, los más jóvenes trataron con el pecado de la generación adulta para que la bendición de Dios viniera sobre la tierra. Muy a menudo ese patrón se repite hoy día.

Regresa al redil

Jesús dijo: "El ladrón no viene que a robar, matar y destruir; yo he venido para que tengan vida, y para que la tengan en abundancia" (Juan 10:10, BdLA). Tal parece que el enemigo de nuestras almas se inclina de forma especial para robar la herencia espiritual de la familia. Pero Dios nos da poder para reclamar el terreno que el enemigo nos ha robado.

Después de convertirse en cristiana ya adulta, Sondra supo que su papá había crecido en un hogar cristiano. Pero su fe no soportó la prueba del servicio militar durante la Segunda Guerra Mundial, y no les enseñó ningún valor cristiano a sus hijos durante su formación. Luego él se unió a un grupo humanístico, no cristiano. Sondra comenzó a orar para que la Palabra sembrada en su corazón muchos años atrás le hablara a él y que regresara a la fe de sus padres.

"Cuando yo recibí a Cristo, mis padres notaron el cambio en mí, en especial cuando fui sanada de asma crónica y alergias que sufrí por años –dijo–. Papá no mostró ningún interés en mi fe en Dios, pero yo permanecí firme en oración. Entonces un día sentí que el Señor me decía que cambiara mi oración por suplicas y diera gracias, para que las cosas por las que yo había orado se cumpliesen.

"Tuve una visión de mi padre, donde estaba tirado en una cama junto a una pared oscura. Yo estaba sentada a su mano derecha y la luz entraba sobre mi hombro izquierdo. No sabía lo que esto significaba, pero durante dos años continué dando gracias al Señor por su obra completa. Luego mi padre sufrió un ataque de vesícula y me permitió orar por él".

El año siguiente tuvo un derrame cerebral intenso. Sondra fue al hospital y lo encontró acostado en una cama con una pared azul oscuro detrás de él, justo como lo había estado viendo en oración durante más de dos años atrás. La mañana siguiente ella llegó muy temprano y se sentó en la cama de su padre, orando en silencio mientras él dormía.

Cuando la enfermera entró para correr las cortinas de la ventana, los rayos de sol de la mañana entraron a la habitación, despertándolo. Yo le halé con suavidad: "Papá, es hora de que hagas las paces con Dios. Él asintió y le guié en oración. Con lágrimas en su rostro, él me tomó con su mano buena y me abrazó con fuerza".

Semanas más tarde, mientras yo estaba trabajando en la cocina, una voz familiar habló a mi corazón. ¿Tienes consuelo de saber que la vida de tu padre está en mis manos? Por supuesto mi respuesta fue sí. Una hora después mi esposo llegó con la noticia de que mi padre había fallecido. Ahora de forma literal él estaba en las manos de mi Padre. Aunque me tomó muchos años, y el resultado no fue justo como yo esperaba, viendo la reconciliación del hombre con Dios, vale la pena el esfuerzo de perseverar en oración.

De pie por Jesús

A menudo nosotros hemos animado a las personas jóvenes que tienen fervor de servir al Señor en un ministerio jornada completa, solo para enfrentar tremendas oposiciones de uno o ambos padres. En el caso de Karen, el conflicto causó años de aislamiento de su padre, porque ella determinó obedecer al llamado de Dios.

Ella comparte su historia:

Aunque crecí asistiendo a la iglesia con mi mamá y aprendiendo sobre Jesús, en realidad no lo conocía. Mi padre fue para agradar a mi mamá, a pesar de su muy diferente trasfondo ucraniano, pero yo dudo que él haya entendido el significado del verdadero compromiso con Cristo. Aunque él rara vez mostraba expresiones de emoción, yo sabía por las pequeñas cosas que papá hacía por nosotros que él en realidad nos amaba a mí y a mis hermanos.

Uno de mis recuerdos más tempranos es él bañándonos, uno tras otro, en la única noche de la semana que no tenía que salir a su trabajo de mecánico nocturno. Él me levantaba de la bañera, me ponía de pie sobre la tapa del inodoro, y me secaba mientras cantaba: "De pie, de pie por Jesús, ustedes soldados de la cruz. Levanta en alto la bandera real, no puede sufrir pérdidas". Luego me envolvía en una toalla y me enviaba a ponerme mi pijama. Poco nos imaginábamos que llegaría el día en que yo tendría que escoger estar en pie por Jesús, opuesta a los deseos de mi padre para mí.

A los dieciocho años recibí a Jesucristo como mi Salvador. Cuando me puse de pie con lágrimas de arrepentimiento rodando por mi rostro, sabía que Jesús había muerto por mí y era había nacido de nuevo. Pocos meses después invité a toda mi familia a asistir a mi bautismo en agua. Mamá se alegró conmigo, pero yo había sido bautizada a los doce años, papá no lo comprendía. Mi explicación no lo convenció, y él se quedó en casa lejos del servicio.

Yo estaba trabajando en un hospital y tomaba entrenamiento para convertirme en supervisora de alimentos, pero sabía que Dios tenía más para mi vida y yo lo deseaba. Supe sobre el colegio bíblico en una ciudad cercana y me matriculé de inmediato. Esos fueron días gloriosos donde bebía la Palabra de Dios bajo la unción del Espíritu Santo.

De visita en casa durante uno de los recesos, con emoción les dije a mis padres sobre las cosas que estaba aprendiendo. Mi papá me miró fijo a los ojos y me dijo con dureza: "No te vuelvas una fanática y no se te ocurra ser una misionera". Su voz era temeraria y con un matiz de enojo mientras me decía lo mismo que pronto sucedería en mi vida. Causó dolor a mi corazón con sus palabras, pero el momento pasó sin más incidente.

Al final de mi primer año de colegio, salí a un viaje misionero que llevó a nuestro equipo alrededor del mundo, una oportunidad única para una persona tan joven como yo para ver las necesidades del mundo, de cerca. Fue en la India donde Dios habló con claridad a mi corazón que era allí donde yo estaba destinada a servir.

Durante mi segundo año de estudios, busqué al Señor en oración y ayuno por su dirección. Un día hacia finales de ese año, la oficina de localización me llamó para decirme que había llegado una petición de una mujer mayor, misionera en la India que necesitaba ayuda con su orfanato y escuela. Yo le escribí como voluntaria, y la respuesta llegó por telegrama: "¡Bienvenida a casa!" Mientras me preparaba para ir, Dios puso en el corazón de mi querida amiga acompañarme. También proveyó las finanzas para que ambas fuéramos.

Aunque me llenaba de gran emoción el viaje a la India, estaba en continua oración porque no sabía cómo decírselo a mis padres. Cuando llegué a la casa, papá estaba trabajando en el garaje. Yo salí a hablar con él y decirle de mi llamado al ministerio y que estaba planeando ir a la India. Él no podía ver ninguna razón saludable para tal decisión.

"Dios no desea que tú hagas eso –declaró–. Dios no nos habla a nosotros de esa manera". Fue una batalla de lo espiritual contra lo natural, él simplemente no podía entender. Mi corazón estaba roto y dolorido: su corazón estaba roto y enojado. Fue la primera batalla de muchas que se librarían.

En obediencia al llamado de Dios

Karen fue a la India en obediencia a Dios y pasó tres años allí y en Sri Lanka, principalmente, involucrada en el ministerio de niños. Ella escribió fielmente a la casa para informarles a sus padres de su bienestar y del gozo que tenía en servir al Señor. Su mamá respondía, pero su papá no. Después de tres años, ella regresó al hogar para buscar la dirección de Dios para el próximo paso en su vida; se quedó en el campo de la escuela bíblica con una amiga cercana.

Cuando fue a visitar a su familia, llegó y encontró a su padre solo en la casa, preparándose para ir a trabajar. Ellos se sentaron en la sala para hablar y ella le contó todo lo que había estado haciendo en la India. Eso estuvo bien, pero él estaba más interesado en lo que ella iba a hacer ahora.

—Yo espero estar en el ministerio jornada completa, papá —le respondió ella—. Dios ha puesto un amor especial y una carga en mi corazón por la India. Deseo regresar y servir allí al Señor.

—No hagas eso con tu vida —le rogó él—. No eches a perder tu futuro, no tendrás felicidad, y es una verdadera locura —de nuevo él estaba reaccionando con frustración y enojo.

Entonces la retó: —¿Karen, qué es lo que tú deseas? Te daré lo que tú quieras. ¿A qué colegio deseas asistir? Yo te enviaré al mejor colegio. Te daré un automóvil. Haré lo que quieras y te daré lo que necesites, pero por favor no hagas esto.

¡Qué, batalla! En su corazón oró: Haré cualquier cosa por ti, Padre, pero esto no lo puedo hacer. Oh Señor, ¿no hay otra forma? No comprende. Él me ama y yo él. ¿Por qué tengo que romper su corazón? No deseo herirlo. ¿Es lo correcto?

Esas palabras hicieron eco en su mente. ¿Es lo correcto? ¿Es lo correcto? ¿Es lo correcto? Pero Señor, yo no puedo negarte. Nunca se había sentido tan dolida, ni tan desamparada.

Su padre tomó bolso con el almuerzo y se fue ese día sin decir otra palabra, tirando la puerta tras sí.

"Me sentía una persona destrozada —dice Karen—. Para él yo era una hija pródiga porque obedecía el llamado de Dios en mi vida. En el momento, no tenía idea que pasarían casi veinte años antes que lo volviera a ver".

Durante el próximo mes ella se quedó en el campo del colegio, asistiendo a algunas clases y visitando amistades que la habían apoyado con sus oraciones y regalos. Durante esos días de búsqueda de la dirección de Dios, conoció al que sería su esposo, un hindú que había ido a la escuela bíblica con un programa de becas para estudiar. Dios los unió y confirmó a través de muchos consejeros, que su matrimonio estaba en sus planes.

Karen dice: "Cuando decidimos casarnos, mi novio se puso en contacto con sus padres y recibió su bendición. Yo en cambio llamé a mi padre para decirle mi decisión, sabía que no habría ninguna bendición. Fue el punto de ruptura final en nuestra relación. En un ataque de ira él me dijo: 'No quiero verte de nuevo. Estás muerta para mí. De hecho, ni siquiera vengas de nuevo por nuestra ciudad. Deja el país y nunca regreses'".

La mamá de Karen le dijo que desde ese día en adelante él no permitió que se nombrara en su casa. Se quitaron todas sus fotografías y el tema nunca más se discutió. "Mi querida madre llevó una pesada cruz durante esos años. Cuando me di cuenta del dolor que le había causado a mis padres, me pareció como si Dios estuviera pidiendo demasiado de mí. Sin embargo, yo sabía que si obedecía el llamado de Dios, Él cuidaría de mi familia".

El día después de la boda, ellos partieron para la India. Karen ha servido allí junto a su esposo y su familia por casi veinte años. Los primeros tres años fueron de tremendos ajustes; también su hija Emily nació allí.

"Cuando Emily tenía tres años de edad, nosotras dos regresamos a casa para una visita –nos contó Karen, pero mi padre rehusó vernos–. Yo regresé a la India con el corazón sobrecogido, orando: Señor, sea hecha tu voluntad no la mía.

"En esos días de prueba el Señor me consoló por medio de las Escrituras".

Las paredes de aislamiento se derrumban

La historia no termina allí. A medida que Emily crecía, Karen le
prometió llevarla a los Estados Unidos para conocer a sus abuelos
y familia; cuando terminara el décimo grado en el colegio. He aquí
lo que ella nos dijo:

> Yo arreglé ese día con Dios y con humildad le pedí que nos
> encontrara allí. Después de trece largos años, Emily y yo
> dejamos la India para visitar varios lugares en Europa, y
> finalmente los Estados Unidos. El colegio bíblico al que yo
> había asistido nos proveyó alojamiento, y fue un paraíso de
> descanso para nosotras.
>
> Mi mamá estaba deseosa de vernos, pero para mí,
> pensar que tenía que dejarle saber a mi papá de nuestra
> visita me resultaba como un largo túnel oscuro con ninguna
> luz al final. Yo solo podía dejar todas las cosas en las manos
> del Señor. Incluso me resigné a la posibilidad de no ver a mi
> padre en lo absoluto. Había un gran silencio en mi vida du-
> rante esos días, esta es la única forma en que puedo descri-
> birlo. Entonces, por invitación de mi hermana, empacamos
> y nos mudamos a su casa en una ciudad cercana.
>
> —Papá va a reunirse contigo y con Emily —me dijo ella
> cuando llegamos—. Mi hermano ha venido de Georgia y ha
> hablado con nuestro padre, y él ha estado de acuerdo en
> verte.
>
> Al fin, la mañana de nuestra reunión llegó. El minuto
> en que mi padre llegó, literalmente vi una nube de humo
> subir en el aire y desaparecer. Fue como si las murallas de
> Jericó se hubieran derribado cuando él me alcanzó y me
> abrazó con lágrimas corriendo por su rostro. Lloramos, y
> yo le dije: "Papá, te amo. Por favor perdóname". Fue una
> experiencia inolvidable. Como si todos esos años de dolor

nunca hubieran existido. Nuestra conversación era solo del presente. Mientras pasaba los días restantes con mis padres, vi a mi hija visiblemente cambiada por la gran aceptación y el amor que mi padre le mostró. Cada momento fue precioso para mí.

El día que nos marchábamos para regresar a la India, toda la familia se reunió en el aeropuerto. Yo estaba sentada junto a mi padre, y nunca olvidaré sus palabras.

–¿Recuerdas las cosas que dije última vez que te hablé? –me preguntó–. Bueno, quiero que me perdones.

Quebrantó mi corazón, y deseaba poner mi dedo en sus labios.

–No, Papá, no eres tú quien debe pedir perdón, soy yo quien debe hacerlo –le dije–. Perdóname por todo el dolor que te he causado.

Fue suficiente. Y con un último abrazo antes de entrar en el avión, entregué a mi padre en las manos del Buen Pastor.

Yo no puedo decir con seguridad que mi papá es nacido de nuevo o que él comprende el llamado de Dios en mi vida. Pero estoy segura que el Dios que trajo la reconciliación y la sanidad entre nosotros, se revelará por completo a sí mismo a este hombre que me ama de una forma nueva y más profunda.

Lo viejo contrario a lo nuevo

En culturas que no tienen trasfondo cristiano en lo absoluto, tales como las de Asia, a menudo las personas jóvenes son las primeras en responder cuando escuchan el evangelio predicado. Un conflicto con la generación mayor sigue por lo general.

Yo (Ruthanne) tengo una amiga china, Rosy, que fue la primera en su devota familia budista, en recibir a Cristo. La tradición familiar era que los padres la llevaran a ella y a sus hermanos al templo todas las semanas. Ellos le pagaban al sacerdote budista para que escribiera oraciones y predicciones de buena suerte para cada uno de sus hijos. Los papeles que contienen estos escritos eran quemados en el altar; luego las cenizas se mezclaban con agua y los niños tenían que tomar la mezcla. Los padres hacían esto pensando que asegurarían la seguridad y el bienestar de sus hijos. "La realidad es, que estábamos tomando porciones demoníacas cada semana" –me dijo Rosy.

A la edad de dieciocho años, Rosy aceptó una invitación para asistir a un campamento de jóvenes cristianos, principalmente porque ella estaba interesada en un joven que era el orador de la actividad. Por primera vez, ella escuchó el mensaje de Jesucristo que había muerto por sus pecados y había hecho un camino para que ella encontrara la paz con Dios. Rosy aceptó al Señor en ese campamento y el joven evangelista terminó siendo su esposo.

Ella con entusiasmo estudió la Biblia, memorizó Escrituras y comenzó orando por su familia inmediata para que recibiera a Cristo. Al principio rechazaron por completo a Rosy y su nueva fe, pero con el tiempo, uno por uno, comenzó a responder al evangelio. Con el paso de los años, ella llevó a cada miembro de su familia al Señor. Durante mucho tiempo ella y su esposo han estado dedicados por completo al ministerio, la mayor parte en Asia, y ahora su hijo está preparándose para hacer obra misionera entre los musulmanes.

Una iglesia china que conozco sostiene un banquete especial cada año para honrar a sus padres y sus madres. Los miembros de la iglesia son animados a invitarlos, en especial aquellos que no son creyentes. Después de años de intercesión, mi amiga Helen vio a sus ancianos padres, budistas, recibir a Cristo después que ellos fueron honrados en uno de estos eventos. Nosotros podemos honrar los dones y talentos de nuestros padres, dándole gracias a

Dios por el don de la vida que ellos nos han dado, incluso si no son (o no fueran) creyentes.

Quizás seamos la primera generación de cristianos en nuestras familias. Si es así, tenemos el privilegio de ser los primeros en pararnos en la brecha por ellos. Nosotros podemos ser un ejemplo amándolos y hablando de forma diplomática a ellos sobre sus necesidades espirituales según el Señor nos da la oportunidad. Nuestra meta final es verlos responder a la invitación de Jesús: "Vengan a mí".

Oración

Señor, estoy sufriendo porque mis padres aún no son creyentes. Sé que no es tu voluntad que ellos perezcan. Me paro en la brecha de oración, pidiendo tu misericordia, perdón y favor por ellos. Deja que tu Espíritu Santo los atraiga a Jesús. Revélate a ellos en la forma que tú desees, a través de mí u otra persona, un sueño, un libro, una canción, un sermón, un programa de televisión cristiano. Padre, oro que ellos no mueran sin tomar la decisión de abrazar a Jesús como su Señor. Te doy gracias por mis padres. Yo los honro. Dame formas creativas de expresar mi amor, apreciación y preocupación por su condición espiritual. Te doy las gracias de antemano por alcanzarlos. Amén.

Preguntas para meditar

1. ¿Puedo identificar alguna influencia piadosa en la vida de mis padres por la cual yo pueda estar agradecido?

2. ¿Estoy agradecido de honrarlos, incluso cuando no estamos de acuerdo, y tratar de relacionarme con ellos con humildad y amor incondicional?

Notas:
1. Dick Eastman, *Love on Its Knees* Tarrytown, NY: Fleming H. Revell, 1989), pp. 31,32.
2. De *How to Pray for Your Family and Friends* 1990 by Quin Sherrer and Ruthanne Garlock. Publish by Servamt Publications, Box 8617, Ann Arbor, Michigan, 48017, pp. 110-112. Usado con permisoS.

Capítulo Siete

Pródigos: sus cónyuges,

hermanos y otros

*Porque Cristo es nuestra paz: de los dos pueblos ha hecho
uno solo, derribando mediante su sacrificio el muro
de enemistad que nos separa.... Él vino y proclamó paz
a ustedes que estaban lejos y paz a los que estaban cerca.*

Efesios 2:14,17

*Con frecuencia, las personas que amamos y que están alejadas
de Dios, son aquellas que nos han herido profundamente.
Necesitamos asegurarnos que no sentimos ningún
resentimiento mientras oramos por ellos.*

*Es posible orar con fervor y por muchos años por personas
que nunca hemos perdonado. Este es el principal obstáculo
para que nuestras oraciones sean contestadas.*[1]

JOY DAWSON

Cónyuges, hermanos, tías, tíos, sobrinos, sobrinas. La mayoría de nosotros tenemos familiares que son hijos pródigos, a quien Dios nos ha dado como carga de oración. En ocasiones oramos por ellos durante años y cuando el milagro de la salvación viene, es por medio de otra persona.

Betty, la tía de Quin, oró a diario durante diecinueve años por su esposo Daniel, para que aceptara al Señor. Nunca dejó de creer que algún día él lo haría, pero ella no permitió que la falta de fe de él la detuviera de asistir a la iglesia sola.

"La vida es como una luz que se apaga, no hay nada más". Él un saleroso hombre de la Marina, le decía a Betty cuando ella trataba de hacerlo pensar sobre lo que viene después de la muerte.

"No es así –le respondía ella–. Todos nosotros tenemos espíritus que vivirán para siempre, y Jesús desea darte vida eterna con Él".

Durante un otoño ellos necesitaban cortar un árbol en la tierra rural de Oregón. Lee, un amigo de juergas de Daniel, le ofreció venir a hacerlo. Él notó que Lee había cambiado de manera drástica, se había "vuelto religioso". Lee era un leñador profesional y le dijo que él cortaría el árbol a cambio de una promesa de Daniel de asistir a la iglesia con él solo una vez. Lee se ocupó de cortar el árbol; entonces Daniel le pidió que tumbara otro.

"Tú no me has pagado por el primero aún" –le recordó Lee. Así que Daniel se comprometió ir a la iglesia con él el siguiente domingo. Betty los acompañó, aunque no era la iglesia a la que ella solía asistir.

En ese servicio, Daniel fue tocado por el Espíritu Santo y comenzó el proceso de rendir su vida a Cristo. Días más tarde estaba debajo de su casa, quebrada abajo, cuando tuvo un encuentro sobrenatural con Jesús. ¿Fue una visión? ¿Un ángel? ¿Una voz del cielo? Daniel nunca lo describió en gran detalle. Pero cuando él subió la colina hasta la casa, Betty lo encontró pálido y temblando de pie a cabeza.

—Algo me ha sucedido. Pronto, arrodíllate y ora conmigo —le suplicó. Betty corrió al teléfono y llamó a una pareja de misioneros para que vinieran. Durante dos horas los cuatro estuvieron de rodillas en oración mientras Dios lidiaba de forma personal y privada con Daniel. Después él dio testimonio público en la iglesia sobre su experiencia sobrenatural junto a la quebrada.

> Orar por un cónyuge no creyente hasta que llega la respuesta requiere compromiso y humildad. Y en ocasiones aquel que está orando tiene que estar dispuesto a cambiar

Desde ese día de octubre hasta diciembre, nunca faltó a un servicio. Antes que el año nuevo llegara, Daniel sufrió un ataque al corazón y se encontró con su Salvador. El dolor de Betty fue calmado con la seguridad de que su Daniel estaba en el cielo. Las oraciones que ella había ofrecido desde el día en que se habían casado fueron contestadas.

Orar por un cónyuge no creyente hasta que llega la respuesta requiere compromiso y humildad. Y en ocasiones aquel que está orando tiene que estar dispuesto a cambiar.

Un cónyuge pródigo

Bob y Annette son un ejemplo clásico del popular dicho "los polos opuestos se atraen". Cuando ellos se casaron, él era un macho capitán de la Marina quien puso una alta prioridad en la eficiencia y la frugalidad. Annette era una pelirroja divertida que siempre era la vida de las fiestas. Rara vez formaba relaciones duraderas, si surgían problemas, solo cambiaba de amigos. No fue una sorpresa que su primer matrimonio fracasara, cuando su hijo era muy joven, por la personalidad extrovertida de Annette; ella se casó con él buscando estabilidad y seguridad. Pero Bob trató de organizar por completo su casa como un campo militar, incluyendo un detallado itinerario, Annette se rebeló en contra de ser tratada como un recluta de la Marina. La estabilidad y seguridad ahora le parecía rígida, dogmática y sentenciosa. Ellos se unieron a una iglesia, pero cuando el matrimonio se volvió caótico, su iglesia no les ofreció una genuina ayuda espiritual. Sintiendo que toda la diversión se había ido de sus vidas, Annette presentó el divorcio.

Bob quedó devastado. Nadie en toda su familia se había divorciado antes, y esto se traducía en fracaso. Él asistió a una reunión de hombres cristianos y fue al frente por oración por su problema matrimonial. También aceptó a Jesús como Señor de su vida.

Sin embargo, la situación con Annette se puso peor. Su mamá le dijo: —Bob, tú eres joven y puedes rehacer tu vida. Sigue adelante y dale el divorcio a Annette. Te mereces un poco de felicidad.

—Mamá, ¿qué pensarías si te dijera que me estoy divorciando de Annette porque tiene cáncer y ya no puede hacerme feliz? —le preguntó él.

—¡Te diría que eres malísimo! —le respondió—. Bueno, Annette tiene algo peor, tiene cáncer del espíritu. Cristo me ha llamado a hacer algo más que buscar mi propia felicidad y bienestar personal. Voy a orar y creer a Dios por la sanidad de su espíritu y restauración de nuestro matrimonio.

Durante dos años Bob trató de traer a Annette de regreso. Él le decía: "te amo", y ella le gritaba, "yo te odio". Él no siempre manejó sus arranques con gracia, pero comenzó a verse a sí mismo como su siervo en vez de su amo.

–Annette, el diablo está tratando de destruir nuestra casa, pero voy a amarte y a luchar por nuestro matrimonio por el resto de mi vida –le dijo él.

Annette le entregó su vida a Jesús cuando al final admitió que necesitaba que Él llenara el vacío en su vida. Su duro corazón se derritió mientras reaccionaba al amor incondicional de Bob, y Dios restauró su matrimonio. Hoy ambos son oradores populares para retiros de matrimonio y tienen un ministerio efectivo de consejería.[2]

La Biblia nos relata la historia de una esposa descarriada en el libro de Oseas. Gomer la esposa infiel, dijo: "...Iré tras mis amantes, que me dan mi pan y mi agua..." (Oseas 2:5, 1960).

Dios le dijo a Oseas que le pondría un cercado de espinas, una barrera protectora alrededor, para que sus amantes perdieran interés en ella. Eso fue exactamente lo que sucedió. Entonces su corazón cambió. Orar estos versos puede ser una estrategia efectiva para un cónyuge pródigo, un hijo o cualquiera que se extravía como lo hizo Gomer:

"Por tanto, he aquí yo rodearé de espinos su camino, y la cercaré con seto, y no hallará sus caminos. Seguirá a sus amantes, y no los alcanzará; los buscará, y no los hallará. Entonces dirá: Iré y me volveré a mi primer marido; porque me iba mejor entonces que ahora" (Oseas 2:6,7).

Ella quería a su hermano incluido

Cuando Pam regresó de sus andanzas al Señor, se sintió impulsada a tomar el manto de intercesión de su mamá y abuela e interceder por sus hermanos. Los cinco hijos fueron criados por una madre cristiana, quien como dice Pam: "Estuvo parada sobre la Palabra que (promete) que si nos enseñaba el camino del Señor, cuando fuéramos mayores no nos alejaríamos de ella". La mamá y la abuela, ambas casadas con incrédulos, oraron por años por sus hogares.

Después de sus muertes, varios de los hijos se extraviaron.

—Nos alejamos mucho de Dios —dijo Pam—, pensando que regresaríamos antes que el Señor nos llamara a su presencia. Pero mientras tanto Satanás estaba haciendo su trabajo para atraparnos en el mundo.

El hermano de Pam, O'Brien, estaba en especial desencantado con ella, en una ocasión un cristiano acérrimo, ahora sumergido en relaciones con mujeres no creyentes. Al fin cuando estaba estacionado en Asia, se casó allí con una budista. Pam estaba descorazonada cuando recibió la noticia.

"Oré, oré y oré —dijo ella, y luché contra el enojo. Yo le grité a los cielos, '¿Dios qué pasó con las oraciones de mi madre? ¿Las de mi abuela? ¿Cómo puedes permitir que esto suceda? ¡Mi hermano se ha abrazado a un dios falso!'".

Al final ella llegó a un punto de intercesión que incluía arrepentimiento.

"Yo me arrepentí por cada pecado generacional que había, diciéndole a Dios cuánto lamentaba que nuestra familia se hubiera descarriado. Entonces le pedí a Dios que recordara las oraciones de mi abuela y mi mamá que fueron tan poderosas para nosotros. Durante dos años ayuné y oré según el Señor me guiaba. Fui provocada a ira espiritual. Yo gritaba: 'es suficiente, es suficiente, Satán, mi hermano no será robado de su herencia en Dios'".

Pam se convirtió en la líder intercesora de un gran ministerio de hombres. Un día le recordó a Dios que ella había orado por cientos de hombres y sus familias para que fueran restauradas, y ella deseaba incluir a su hermano. Después de una reunión de oración que duró toda la noche, con los empleados del ministerio, ella apenas había llegado a la casa cuando sonó el teléfono. La felicidad brotaba de la voz de su hermano O'Brien mientras le decía: "Hermana, solo quiero que sepas que encontré al Señor, he regresado a casa. Yo amo a Jesús y voy a quedarme con el Señor. Todas las oraciones por mí no fueron en vano".

Poco tiempo después, él vino a visitar a Pam, trayendo a su esposa budista. Pam de inmediato los llevó a visitar a su mamá espiritual, JoAnne. Antes de ellos irse de su casa, JoAnne había llevado a la esposa de O'Brien a los pies de Jesús. Hoy, tres años después, el hermano de Pam y su esposa son miembros activos en una iglesia.

Pam dice que ella sabía que el Señor mantendría sus promesas hechas a su mamá y abuela. Ella le recordaba a Dios con persistencia que solo estaba añadiendo sus peticiones a las oraciones que estas dos mujeres habían orado tiempo atrás. El Señor le habló a través de Jeremías 31:16,17 que su hermano regresaría de la tierra del enemigo.

Sobredosis a treinta y cinco mil pies

Cuando Gwen se convirtió en la madrastra de Larry, también se volvió su guerrera de oración. Sus oraciones continuas eran: "Señor, haz lo que tú necesites hacer para salvarlo, no lo dejes morir". ¡Cuán cerca estuvo!

Larry se había casado con una mujer de Nueva York a quien no le gustaba vivir en el sur, así que él regresó a Nueva York, siguiéndola en un último esfuerzo por salvar su matrimonio. Sintiéndose muy deprimido cuando ella rehusó regresar con él, compró una provisión de drogas en la calle y se dirigió al aeropuerto. Cuando el avión alcanzó una altitud de 35.000 pies, pidió un trago de alcohol y se tomó las drogas. De inmediato empezó a sentirse muy mal, creando una crisis a bordo del avión. El piloto consideró hacer un aterrizaje de emergencia para salvarle la vida.

En su momento más crítico, Larry clamó a Dios: "Sálvame, oh Señor, sálvame". Y sucedió un milagro. Fue sanado instantáneamente y el vuelo continuó su itinerario. Cuando el avión aterrizó, no solo su salud física había mejorado, sino también su condición espiritual. Él regresó al Señor y con el tiempo se volvió a casar y tuvo dos hijos.

Ahora su madrastra ora para que Dios le dé fuerza y sabiduría a Larry para vivir una vida recta.

—Yo me paré en fe por él por muchos años —dijo ella—. Aunque él había llegado hasta el fin de sí mismo mientras estaba intoxicado en el aeropuerto, cuando literalmente pudo haber muerto, sin embargo, Dios tuvo misericordia.

Cuando escuché la historia de Gwen, yo (Quin) me acordé de la enseñanza de nuestro pastor Dutch Sheets sobre "Volcando las copas de oración del cielo". Él escribió sobre eso en su libro *Intercessory Prayer* (La oración intercesora).

Las Escrituras indican que nuestras oraciones se acumulan. Hay envases en el cielo en los cuales nuestras oraciones son almacenadas. No uno para todas ellas, sino "varios". Nosotros no sabemos cuántos, pero yo creo que cada uno de nosotros tiene el suyo. No sé si es literal o simbólico. No es relevante. (Apocalipsis 5:8; 8:3-5)... De acuerdo con estos versos, cuando (Dios) sabe que es el tiempo oportuno de hacer algo o cuando hay suficientes oraciones acumuladas para lograr hacer el trabajo, Él descarga el poder. Toma la caja y lo mezcla con fuego del altar.[3]

Nosotros podemos pedirle a Dios que mezcle nuestras oraciones con aquellas de nuestros santos píos en nuestras familias, que se han ido antes que nosotros, plantando oraciones llenas de fe para las generaciones futuras.

Muchas noches mi tía oró por mí

La rubia atractiva que presidió la reunión de mujeres donde yo (Quin) iba a hablar no lucía como una hija pródiga. Con su amplia sonrisa y gestos agradables, Paula no parecía ser la rebelde que fue antes que las oraciones de su familia, en especial las oraciones de su tía, la trajeran de regreso al Señor. Más tarde ella me escribió los detalles de cómo Dios obró en su vida.

Yo me casé a los quince años y traté de ser cristiana, orar y asistir a la iglesia, pero parecía que me había casado con el mismo diablo. Mi esposo hizo todo lo posible por separarme de la iglesia. Después de los dieciséis años de tormento mental y físico en sus manos, sentí que Dios me había abandonado, así que huí lo más lejos que pude, de Dios y de mi esposo.

Primero traté de suicidarme con una sobredosis de drogas. Luego me involucré en el ocultismo y me convertí en una bruja de magia blanca, haciendo encantamientos y diciendo la fortuna. Yo buscaba poder en los hombres y tenía uno para cada necesidad. Mientras trabajaba en un bar de noche, me hice adicta a la cocaína en piedra y caí en el alcohol. Pero yo tenía una mamá, una tía y unas hermanas que oraban. Una vez mi tía me dijo que muchas noches el Señor la despertaba para orar por mí.

—Un día tú vas a tener un maravilloso testimonio que compartir sobre la gracia de Jesús en tu vida —dijo ella.

—Estas loca —le respondí, sabiendo que ella no tenía idea de lo mucho que había caído. Cuando llegué al fondo, mi jefe del trabajo de día me dio un ultimátum. Para conservar mi trabajo tenía que entrar en un hospital de rehabilitación o matricularme en el programa de Alcohólicos Anónimos. Yo hice lo último.

En las reuniones, cuando se nos animaba a buscar el "poder superior", yo sabía que para mí era Jesús. Le rogué que me perdonara. La obra que hizo en mi vida fue maravillosa, además de perdonarme, me sanó de mi adicción y me libertó del ocultismo y de la necesidad de sexo ilícito. Yo me arrepentí de todas las cosas que había hecho que eran una abominación para él.

Por los últimos nueve años he estado casada con un maravilloso hombre cristiano que ama profundamente al Señor y a mí. Ahora cuando algún miembro de mi familia tiene problemas, llaman a aquella que una vez fue la oveja negra, para orar por ellos. Estoy muy agradecida por las oraciones fieles de mi tía. Hoy estoy orando por mi hija pródiga; sé que Él puede alcanzarla igual que lo hizo conmigo, no importa cuánto ella se extravíe.

Una amiga intercede

En ocasiones Dios trae a tu memoria pensamientos de alguien y pone un sentir en tu corazón y te preocupas hasta el punto en que se convierte en una carga de oración. Fran hizo eso por Ginger, aunque al principio ellas no eran amigas cercanas.

Ginger no tenía mucho tiempo de casada con Fred cuando se divorció y se llevó a su pequeña niña con ella a California. Sus padres la persuadieron a que regresara a la Florida y terminara la universidad, acordando cuidar de la niña.

Fran también asistía a la universidad, y coincidía en varias clases con Ginger. Ellas terminaron usando un solo automóvil para el viaje de ciento veinticinco kilómetros de ida y vuelta. El día que le tocaba conducir a Ginger, Fran leía la Biblia, en ocasiones en voz alta. Pero pronto Ginger le gritaba: "Cierra esa Biblia o salte del automóvil".

Sintiendo las heridas pasadas de Ginger, Fran compartió cómo Dios la había sanado de su problema matrimonial. Ella invitó a Ginger a cenar y conocer a su esposo Mike. Cuando Ginger expresó asombro frente a su devota relación, Fran simplemente dijo: "Es porque Jesucristo es el Señor de nuestras vidas".

Ginger a menudo se burlaba de su ex esposo Fred, quien se había convertido en un cristiano comprometido después del divorcio. Sin embargo, en su interior, ella tenía celos de la paz que Fred, Fran y Mike parecían tener. Un día, después de uno de sus comentarios sarcásticos sobre Fred, Fran le dijo: "Parece que Fred es muy feliz desde que encontró al Señor, de seguro no necesita que tú le enredes su vida".

Ginger condujo todo el regreso a la casa enojada y en silencio. No podía soportar saber que Fred era feliz y estuviera funcionando bien, en especial cuando ella se sentía tan miserable. Esa noche llamó a Fred y le dijo que pensaba que ellos debían reconciliarse.

Él le dijo cuando se reunieron para cenar: –Ahora soy cristiano y creo que no debo casarme con alguien que no lo es.

–Yo no soy creyente, Fred, pero dame tiempo –respondió.

–Puedo tratar de amarte como Dios te ama –él le dijo a ella–, aunque ya no siento nada por ti. Pero he estado orando por Kris para que tenga un papá...

Un mes después, luego de una consejería con el ministro de Fred, ellos se volvieron a casar un domingo en la mañana al finalizar el servicio de adoración, con familiares y amigos presentes. Fueron tres días justo desde el divorcio. Kris de cinco años estuvo presente en la boda de sus padres.

En pocas semanas los viejos problemas regresaron, Ginger contestándole a Fred con ira y saliendo como un bólido de la casa.

Una mañana después de uno de esos exabruptos, Ginger llamó a Fran.

—Nuestro matrimonio es un infierno, nada ha cambiado. Estoy desesperada.

—Tu matrimonio seguirá siendo un tomento hasta que estés dispuesta a darle toda tu vida a Jesús —le dijo Fran—. Tus problemas tienen una base espiritual. Has tratado casi todas las avenidas y nada ha funcionado. Esta es la única solución.

Esa mañana, Ginger inclinó su cabeza y oró: "Señor Jesús, toma control de mi vida. Te entrego completamente a ti".

Desde ese momento su vida cambió con rapidez. Cuando venían las desavenencias, Fred decía: "Ginger, vamos a orar por esto". Ellos se arrodillaban junto a la cama y oraban. Ginger comenzó a asistir al estudio bíblico que Fran había comenzado solo para ella.

Dios no solo restauró el matrimonio de Ginger y Fred, sino que también mejoró todo aspecto del mismo. Ellos a menudo aconsejan a parejas en su hogar.

—Lo que tenemos que ofrecer es el eslabón que unió nuestro matrimonio de regreso —dice Ginger—. Es una relación personal con Jesús y tener su amor en nuestros corazones.

Dos años atrás, después de mecanografiar un papel del curso bíblico para Fred, Ginger se acostó en su sofá para descansar. Quince minutos más tarde, Fred la encontró muerta debido a la ruptura de un tumor en un ovario que no había sido detectado, arrebatándole la vida antes que ella hubiera alcanzado los cincuenta años.

Yo (Quin) perdí una amiga. Ella oraba conmigo con regularidad en casa de Fran cada lunes en la mañana durante tres años. Y con regularidad me acompañó a mis compromisos de oratoria a través de los Estados Unidos, sirviendo también como mi compañera de oración en esos viajes de ministerio.

¡Qué testimonio del poder transformador de Dios fue su vida!

Una nuera pródiga

En ocasiones nos encontramos orando por nuestras nueras o yernos que se han convertido en hijos pródigos. Anna comparte una historia así con nosotros. Su hijo Stan conoció a Marie en un grupo de jóvenes adultos de la iglesia justo después que se graduaron de la universidad. Ellos se casaron en la iglesia donde se conocieron, parecía el comienzo de un cuento de hadas, con un sólido matrimonio cristiano.

"Mi esposo y yo estábamos felices confiados en que Dios los había unido –dijo Anna–. La niñez de Marie había sido muy inestable a causa de la muerte de su madre, y la criaron unos tíos. Pero nosotras nos unimos y tuvimos una relación amorosa de madre e hija".

Los primeros tres años funcionaron bien, luego Marie estuvo esperando su primer hijo. Ella se deprimió cuando la transferencia militar de Stan los mudó de regreso al este del país. Ellos no se pusieron en contacto con una buena iglesia, y el trabajo y estudio de investigación de Stan para el certificado de su maestría, demandaba mucho de su tiempo y atención.

Después que nació su hijo, Marie se volvió una adorada madre y parecía feliz cuando Anna la visitaba. Pero a medida que pasó el tiempo, Marie, de manera más abierta, expresaba sus quejas en cuanto a lo muy ocupado que estaba Stan con su trabajo. Pronto después del primer cumpleaños del bebé, Stan fue llamado a servicio activo durante el conflicto del Golfo. Marie estaba enojada y sentía que él le había dado prioridad a la guerra antes que a ella. Mientras tanto su amistad con Patty, otra esposa de militar, se volvió más importante para ella. Esta mujer no tenía hijos, y ella y Marie pasaban mucho tiempo juntas a solas. Anna recuerda:

Después que Stan regresó de su misión en el extranjero, Marie quedó embarazada de nuevo. Asumiendo que mis oraciones por ella fueron contestadas, fui a ayudarla cuando salió del hospital con su segundo hijo. Poco tiempo después me llamó y me pidió que me quedara con los niños mientras ella y su amiga asistían a un juego de tenis durante tres días. En mi deseo de estar con mis nietos, accedí, pero me sentí inquieta con la relación entre Marie y Patty. Desde el momento que llegué me pareció que ellas estaban continuamente en el teléfono discutiendo cada detalle de su viaje, o si no, Patty iba a la casa. Mi sentido de repulsión creció y se hizo más intenso, pero lo único que sabía hacer era orar.

En los próximos años se hizo claro que Marie prefería su relación con Patty por encima de su matrimonio. Después de asistir a una reunión de hombres cristianos, Stan regresó a la casa arrepentido y le pidió perdón a Marie por poner su trabajo por encima de su familia. Cuando él le dijo los sueños que él tenía sobre su futuro juntos, Marie le dijo que el matrimonio había terminado, que él era un fracaso y que el divorcio era inminente. Por supuesto, los intentos de Stan por razonar con Marie fueron en vano. El divorcio se llevó a cabo, y Marie recibió la custodia de los dos niños. Patty también se divorció y se mudó con ella.

Ahora el enfoque de las oraciones de Anna había cambiado. Ella oraba por el ajuste de su hijo a esta decepción y por la protección y bienestar de sus nietos. Fue una batalla intensa para los abuelos conseguir derechos de visitación, pero ahora ellos pueden ver a los niños una vez al mes. Eso significa volar cientos de kilómetros, a gran costo, pero Anna siente que es importante ofrecer alguna influencia positiva en sus vidas.

El divorcio y sus consecuencias son terriblemente traumáticos, pero ella y su esposo no dejan que el dolor los detenga de orar con fidelidad por todas las personas involucradas en esta situación.

Otro familiar se une al reino

Cuando los miembros de la familia se resisten por completo al evangelio, nuestras oraciones pueden ser efectivas para originar cambios. Yo (Quin) tenía una tía mayor que me decía todo el tiempo: "No quiero tu religión. Y no te atrevas a orar por mí cuando me enferme y me esté muriendo". El año pasado justo antes de cumplir noventa cuatro años, viajé para ir a visitarla. Durante nuestra primera tarde juntas, tuve cuidado de no hablarle del Señor porque la incomodaba mucho. Pero esa tarde, cuando me marchaba, tuve el coraje suficiente de darle un libro del que había sido autora con Ruthanne, Oraciones que oran las mujeres.[4]

Al principio del libro hay una oración que uno puede repetir aceptando a Jesús como Salvador y Señor. Yo estaba tomando un gran riesgo de recibir otro rechazo.

Cuando la visité al día siguiente, no mencionó el libro hasta que comencé a despedirme y caminar hacia el automóvil.

–Anoche leí tu libro –me dijo–. Me gustó. De hecho, ahora tengo mi reservación en el aposento alto –me dijo, señalando hacia el cielo–. Envíame algunos libros más como este.

Yo no creía que le había escuchado bien, se refirió al cielo como el "aposento alto". Pero mi amiga Fran que estaba conmigo, me aseguró que ella en realidad había dicho eso.

Mi tía luego le dijo a mi tío que había leído un libro que le dio paz y que ya no le temía a la muerte. En los próximos meses le envié más libros. Cuando la llamaba, ella pedía más libros. La fui a visitar de nuevo unos meses después. Y por primera vez en mi vida, me permitió orar en voz alta. Mis lágrimas cayeron en su espalda mientras la abrazaba con fuerza y oraba por ella.

Después de esa ocasión, ella enfermó. Cuando la muerte fue inminente, mi hermana fue a cuidarla en la cama del hospital, orando en voz alta y leyéndole la Biblia. Mi tía siempre quería vivir para ver el año 2000. Y lo logró, solo para morir pocos días después. Ha pasado menos de un año desde que le diera el libro y ella hiciera su decisión por el cielo. ¡Cuán agradecida estoy de que Dios suavizó su corazón para recibirlo!

No importa cuál familiar pródigo Dios ponga en tu corazón, nosotros tenemos que llevar el peso de la oración hasta que veamos resultados. Yo le solía preguntar al Señor por qué mi piadosa madre, quien lo amaba y le servía, murió mucho antes que mi tía, su hermana, quien a menudo se burlaba de nosotros y de nuestra fe. Él nunca respondió. Pero ahora pienso que sé el porqué. Le estaba dando a mi tía una oportunidad para tomar su decisión por Él.

Una mujer que no tenía hijos me dijo que oraba a diario por cuarenta y dos sobrinos de la familia de su esposo. Ella cree que es la única que está en la brecha orando por ellos.

Es posible que algunos quedemos totalmente sorprendidos cuando lleguemos al cielo y veamos familiares perdidos por los que oramos. Quizás mientras nosotros les brindamos cobertura en oración, otra persona será el instrumento de Dios para traerlo al rebaño. Dios nos está pidiendo que seamos fieles a nuestra encomienda de oración.

Oración

Señor, úsame para ayudar a reparar las brechas comunicacionales y sanar las relaciones rotas. Ayúdame a no ser parte de la disensión ni la discordia. Deseo agradarte y ser un buen ejemplo para otros. Cuando el tiempo sea oportuno para hablar con mis familiares sobre sus necesidades de Jesús, capacítame para hacerlo con tu sabiduría. Por favor, ve delante de mí y deja que el Espíritu Santo prepare sus corazones para las semillas que voy a sembrar. No permitas que me preocupe por saber a quién usas para atraerlos a ti, sino que sea

fiel para hacer mi parte. Señor tráelos, uno por uno, te lo pido en el
nombre de Jesús. Amén.

Preguntas para meditar

1. ¿Cómo puedo ser una influencia piadosa en la vida de
    mis seres queridos, sin pretensiones de superioridad mo-
    ral, predicadora o juzgar?

2. ¿Cómo puedo expresar mi amor y preocupación por
    ellos en formas creativas?

Notas:
1. Joy Dawson, Intercession: *Thrilling and Fulfilling* (Seattle: YWAM Publishing, 1997), p.43
2. De *How to Pray for Your Family and Friends*, 1990 por Quin Sherrer y Arbor, Michigan, 48107, pp 48-50. Utilizado con permiso.
3. Dutch Sheets, *Intercessory Prayer* (Ventura, CA: Regal Books, 1996), pp.208, 209.
4. Quinn Sherrer y Ruthane Garlock, *Prayers Women Pray* (Ann Arbor, MI: Servant Publications, 1998)

CAPÍTULO OCHO

Cuando ellos no regresan

El gran amor del Señor nunca se acaba, y su compasión
jamás se agota. Cada mañana se renuevan sus bondades;
¡muy grande es su fidelidad!

LAMENTACIONES 3:22-23

A medida que pasa el tiempo, en ocasiones me siento extrañando
a mi único hijo, entonces el Señor me recuerda las palabras que
Él dijera una vez a una amiga en Nueva York cuyo hijo había
sido asesinado: "Yo tengo tu hijo y tu tienes el mío".

UNA MADRE CUYO HIJO MURIÓ DE SIDA

En ocasiones cuando los hijos pródigos no muestran ninguna señal de arrepentimiento, los padres encaran decisiones duras y difíciles de tomar. ¿Dejar que vengan a casa? o ¿prohibírselo? ¿Mostrar amor incondicional? ¿Ayudarlos financieramente? o ¿retener las finanzas?

Justo hoy recibí una llamada telefónica de una madre de un hijo pródigo. Me dijo que ella ora declarando las promesas de la Palabra de Dios y espera en fe por el día que él venga de regreso. "Pero mientras tanto, tengo que confiar en Dios que él regresará. La espera es lo más difícil. Satanás me susurra sus mentiras una y otra vez, que es demasiado tarde, que Dios nunca lo rescatará".

La espera de fe

El pastor Peter Lord habla de la "espera de fe" que la mayoría experimentamos en oración por nuestros hijos pródigos. Él menciona cuatro cosas que nosotros aprendemos de esta espera:

1. El concepto de Dios del tiempo es diferente al nuestro.

2. Dios tiene planes mayores y mejores, de los que nosotros sabemos pedir.

3. La espera nos enseña que necesitamos de los demás en el cuerpo de Cristo para apoyarnos.

4. La espera purifica nuestra fe.[1]

Él relata su propia experiencia:

Hace algún tiempo salí a almorzar con uno de mis hijos por quien en una ocasión tuve que esperar en fe. En el transcurso de nuestra conversación le hice varias preguntas. Sus respuestas indicaban que no había cambio en algunas de las áreas fundamentales de su vida, áreas no solo necesarias para caminar con Dios, sino también para vivir con éxito en esta tierra.

En lugar de volverse al Señor y pedirle que reconfirme su promesa y me dé ánimo, me concentré en la apariencia de las cosas y me sentí desanimado y deprimido. No le respondí a mi hijo como un padre con una sólida fe en Dios, sino como un padre que no tenía ninguna esperanza de que su hijo iba a ser redimido. Una reunión que debió haber sido un encuentro positivo de amor, misericordia y gracia, se tornó en un temporal retroceso en nuestras relaciones...

Tú puedes estar seguro que yo me arrepentí, pero también vi lo deficiente e imperfecta era en realidad mi confianza en Dios para esta situación.[2]

Nosotros hemos sabido de muchos intercesores que están en una fase de espera de fe, en estos momentos. He aquí algunos ejemplos:

- Una madre ora por su hijo que se ha convertido en una persona muy pudiente, pero esto lo ha alejado de Dios y ahora está a punto de casarse con una persona no creyente.

- Una abuela ora por su nieta de veintiún años de edad que es adicta a la cocaína.

- Una madre a quien le queda solo un hijo, se entera que él ha abandonado a su esposa e hijos y está viviendo con una mujer mucho más joven. Ella ora para que su corazón cambie.

- Una esposa descubre que su esposo mantiene una relación homosexual en forma secreta y ora para que él se arrepienta y cambie; pero el matrimonio fracasa y luego él contrae SIDA.

- Una hija adoptada que creció en la iglesia encuentra a su madre natural, conoce que ella no es cristiana y ahora lleva una carga de oración por su salvación.

En ocasiones, cuando la persona pródiga se arrepiente justo antes de llegar la muerte, no hay evidencia externa de que él/ella haya regresado al Señor. Pero en tales caso, Dios nos asegura que la persona ha arreglado sus cuentas con Él.

Una madre que fielmente intercede por su hijo rebelde, recibió la noticia de que había muerto en un accidente de motocicleta. Ella no había visto ninguna evidencia de cambio en su vida y ahora clama a Dios por consuelo. El Señor le dijo: "Su corazón se había inclinado a mí, no juzgues por la apariencia externa". Eso le dio confianza de que sus oraciones no habían sido en vano.

Una esposa que había orado muchos años por su esposo que estaba alejado de Dios, recibió la noticia de que él había sido asesinado durante un robo en una joyería. Ella estaba angustiada pensando que había muerto antes de hacer las paces con Dios. Pasados unos días, una mujer que había entrado al lugar momentos después del tiroteo la llamó y le dijo:

—Yo me di cuenta de lo que había sucedido y comencé a orar por las personas que estaban tiradas en el suelo. Cuando miré su rostro, quedé sorprendida por su expresión de paz y sentí que él estaba con el Señor. Oré que pudiera encontrar su teléfono para darle este mensaje.

La siguiente historia es un ejemplo de una transformación que ocurrió durante los momentos finales de una persona. En algunos casos, la prueba de que la persona pródiga ha cambiado, se hace evidente en los días o momentos finales de su vida.

Removiendo el velo de oscuridad

Louise y su esposo quedaron devastados cuando supieron que su único hijo, Barry, había escogido seguir un estilo de vida homosexual. Una y otra vez ellos le pidieron a Dios que buscara en sus corazones para que los ayudara a darle sentido a su desencanto. ¿Dónde es que fracasamos como padres? Se preguntaban. Él había sido criado en una iglesia y en un hogar cristiano, con padres y abuelos amorosos.

En algunos casos, la evidencia de que el pródigo ha cambiado, solo se visualiza en los días o momentos finales de su vida.

"Nosotros estábamos sufriendo por la terrible decisión tomada por Barry –dijo Louise–. Pero en ese momento, no nos dimos cuenta de que esta decisión lo llevaría a una muerte temprana. Después que él aceptó un trabajo en una universidad en un estado distante, lo veíamos muy poco, pero nos mantuvimos en contacto y le dejamos saber que le amábamos. Nosotros lamentábamos el hecho de que Barry nunca conocería el gozo de la paternidad, ni tendríamos sus hijos para atesorar como nietos. Pero lo único que podíamos hacer era orar por él".

Un día Louise y su esposo se enteraron que su hijo había contraído SIDA. Cuando corrieron a su lado, él les rogó que lo dejaran quedarse en su propio apartamento en lugar de ir a una residencia para enfermos desahuciados.

"Nosotros estuvimos de acuerdo –dijo ella–, y luego reorganizamos su apartamento para convertirlo en un hospital y rentamos un apartamento al cruzar el pasillo para nosotros. Yo me quedé allí, y mi esposo y mi hija viajaban tanto como podían para estar con nosotros. En un momento dado nos preguntamos si Dios se había dado por vencido con él, pero seguimos orando y confiando en que Él intervendría".

La intervención de Dios vino a través del hijo de una amiga. Jack visitaba a Barry casi a diario. Los dos jóvenes se compenetraron casi instantáneamente. "Él llevó a mi hijo a través de las Escrituras una y otra vez, compartiendo con amor la necesidad de tener un arrepentimiento total para disfrutar de la paz de Dios –cuenta Louise–. Jack comprometió a muchas personas para que oraran para que él pudiera llegar a Barry.

Una mañana, Barry les contó a sus padres de una dramática visión que había tenido durante la noche. "Yo vi una mano gigantesca que sostenía un gran libro –les dijo él–. Una voz amorosa decía: 'Barry, este libro es tu vida, y dentro de él hay páginas negras. Nosotros vamos a arrancar esas páginas del libro, una a una, y ponerlas sobre la mesa. Quiero que tú me confieses el pecado de cada una de las páginas negras'".

"¡Mamá es asombroso! –le dijo–. Me siento como si estuviera limpio, ¿es esto liberación? Mejor que llames a Jack aquí. Ahora comprendo las cosas que ustedes dos me han estado diciendo durante tres meses, y veo que mi estilo de vida está mal. He desperdiciado tantos años, ¿podrás algún día perdonarme?"

Louise nos dijo que parecía que Dios de forma sobrenatural había removido el velo de oscuridad de sus ojos. "Al final, mi hijo nació de nuevo –contó ella–. Aunque ciego y casi paralizado por completo, al fin veía con sus ojos espirituales, y tenía paz con Dios. Durante los últimos diez días de su vida, él testificó a todos sus visitantes, muchos de la comunidad homosexual, sobre su maravillosa transformación".

"Barry está en casa con el Señor, y ya no tiene más dolor. Nosotros lo extrañamos terriblemente, pero a las mansiones celestes es a donde todos iremos si conocemos a Jesús. Porque Barry entregó su voluntad a Jesús, Dios nos hace rebosar de esperanza por una vida eterna juntos. Sus treinta y tres años aquí fue poco comparado con la eternidad. A medida que pasa el tiempo, en ocasiones añoro a mi hijo, el Señor me recuerda de las palabras que Él una vez le dijo a una amiga mía en Nueva York, cuyo hijo había sido asesinado: "Yo tengo a tu hijo y tú tienes el mío".[3]

Es hora de ponerse serio

Ser padre soltero es muy difícil, incluso cuando el hijo no es un rebelde. Pero cuando el hijo se convierte en un pródigo, una madre o padre soltero, se siente muy solo enfrentándose con la situación. Esto sucedió en el caso de Marjorie. Desde que su hijo Justin tenía cinco años, ella lo crió en la iglesia y él asistía a un colegio cristiano. Él aceptó al Señor desde muy niño. Pero parecía que toda su vida era una batalla a causa de la influencia negativa de su padre sobre él. Justin asistió un año a la universidad cristiana pero luego se apartó del Señor a la edad de veinte años.

"Yo hice mucha guerra espiritual en oración por él –dijo Marjorie–. En ocasiones pasaba por el lado de sus zapatos que dejaba en la sala y sentía la necesidad de orar sobre ellos. Hablaba continuamente con él, animándolo a que confiara en el Señor. Después de muchos años de estar alejado de Dios, me pidió un libro devocionario. Cuando cumplió veinticinco años le compré un libro escrito por Tony Evans titulado *It's Time to Get Serious*.

Justo siete meses después de eso, Justin estaba de regreso en la iglesia, sentado junto a su madre en la segunda fila. Durante los próximos siete meses almorzaban juntos cada domingo su comida mexicana favorita, hablábamos sobre cómo él estaba luchando. Yo lo amaba incondicionalmente. Él me decía: 'Siempre te decepciono' y yo le respondía, 'Justin, tú nunca me decepcionas. Quizás algunas de tus acciones y comportamiento lo hacen, pero tú no'. Yo oré, hablé, escuché, incluso prediqué un poco, pero mantuve las puertas abiertas.

Después de terminar el libro devocionario, Justin llamó a su mamá y le pidió otro. Una noche, mientras manejaba de regreso a casa, camino al restaurante donde él trabajaba, se quedó dormido en el volante y murió en un choque de frente con un camión.

"Cuando recibí la noticia de que él había muerto en el acto, sentí que todo mi mundo se desmoronaba –dijo Marjorie–. Yo no pude trabajar durante un año, pero ahora Dios me está sanando y restaurando poco a poco. Mi único consuelo es saber que mi hijo pródigo, que había regresado, está seguro en los brazos de nuestro Padre celestial.

El llamado de un intercesor

Dixie y su esposo son ejemplos de padres que tenían que oír de Dios por ellos mismos, y luego ir en contra de la ola de consejos que recibieron de amigos cristianos bien intencionados. En ocasiones, Dios nos pide que tomemos decisiones a pesar de la desaprobación o la censura de los demás. El camino de la obediencia no es siempre fácil.

¿Qué harías si te enteras que tu hijo, que tiene SIDA, quiere mudarse a casa con su compañero, que también está infestado? Dixie y su esposo oraron por un largo tiempo, antes de acceder a que ellos se mudaran a la cercana cabaña de huéspedes.

Ella escribió:

Han pasado cerca de doce años desde que nosotros supimos que nuestro hijo tenía SIDA. En ese momento no había mucha información disponible sobre la enfermedad. Yo estaba en un estado de negación e indiferencia, excepto con Dios. Me sentía bien quejándome y refunfuñando. Yo me podía desahogar y los que me consolaban siempre estaban de acuerdo conmigo. La aversión y la decepción se volvieron mi propio pecado.

Cuando por primera vez supimos del estilo de vida homosexual de Mike, escribí una oración en una servilleta, mientras me encontraba sentada en un restaurante de comida rápida: "Señor, yo no sé cómo tú puedes soportar esto. Pensé que yo podía, pero no es así". Escribí varios párrafos, firmé mi nombre y me senté allí, esperando.

La respuesta de Dios fue suave: *¡Ora!, te mostraré cosas poderosas, cosas inaccesibles que tan solo yo puedo revelar.*

En una ocasión, sabiendo que solo Él puede comprender el corazón de una madre, le pregunté a Dios: "¿Te acuerdas cuando Mike era un bebé? Era pequeñito, precioso y perfecto. Oh Padre, yo podía amarlo entonces; ¿por qué no lo puedo amar de esa manera ahora?"

Luego, otro día de frustración llegó. Ensimismada y con actitud de crítica, di un largo paseo a pie y hablé con Dios de nuevo: "¡Él actúa como un pequeño bebé! ¿Por qué no crece?"

Con claridad escuché esa pequeña y suave voz del Espíritu Santo: *Tú dijiste que podías amarlo como un pequeño bebé. ¿Podrás?*

"Trataré Señor".

Ahora no tengo uno sino dos "hijos"; mi hijo y Rodney, su compañero. Rodney tenía casi mi edad, bien educado y reservado. ¡Ajá! Al fin tenía a alguien a quien culpar. Me sentía muy ofendida de ver a estos dos actuando como marido y mujer. Le reclamé a Dios.

Yo te he llamado a ser una intercesora –Él me respondió".

Una de mis amigas me dijo: "Tú estás solapando el pecado al permitir que ellos vivan en tu propiedad. Su pecado caerá sobre ti". Otros citaron ejemplos de sus propias vidas. Yo estaba destrozada y temerosa. No podía ofender a Dios. Sin embargo, ¿no se suponía que nosotros fuéramos misericordiosos? ¿Adónde irían ellos? Las preguntas y las emociones se mezclaban.

A medida que mi esposo y yo oramos por dirección, Dios nos aseguró que tener misericordia con Mike y Rodney era su plan para nosotros. Con esta seguridad tomamos la posición de fe, en medio de las opiniones doctrinales y dura sentencia de nuestros amigos.

No podía cambiar a estos dos hombres; por lo tanto, fui yo quien comenzó a cambiar. El Espíritu Santo y mi esposo estaban siempre allí con un amor incondicional para mí y para Mike y Rodney.

Jesús de pie junto a mí

La enfermedad, con sus muchos síntomas y manifestaciones, estaba comenzando a deteriorar la relación de Mike y Rodney.

Dixie recuerda esa ocasión:

Rodney estaba muy deprimido, y nuestro hijo Mike estaba atontado por el abuso de las medicinas. Aunque mi hijo no me permitía orar o hablarle de Dios, él animaba a Rodney a que asistiera a las clases de Biblia que yo enseñaba en nuestra casa los jueves.

Sentado allí, el único hombre en el círculo de damas, llegó a conocer y aceptar a Jesús. ¡Una oración había sido contestada! Las mujeres hablaban con Rodney, compartían sus sentimientos, leían la Biblia y oraban con él. Él nunca había experimentado tal lluvia de amor. Por primera vez podía percibir a las mujeres a la luz de la realidad de Jesús. Él leyó las Escrituras en voz alta, su dicción elocuente y voz resonante tocaba cada corazón. La unción de Dios se derramaba sobre nosotros. Todas estábamos sorprendidas.

Un jueves, Rodney me dijo que no iba a asistir a nuestra clase de estudio bíblico. "Tengo que hacer un trabajo del grupo del SIDA en la computadora". Suspirando, profundamente dijo: "Me siento deprimido y solo".

Nuestro hijo estaba para ese entonces hospitalizado a causa de su adicción a las drogas y no estaba allí para consolarlo. La mente de Rodney, confundida con la demencia de la enfermedad, estaba rindiéndose al temor. No vimos a Rodney durante todo el fin de semana, pero yo dejé mensajes en su grabadora. El domingo mientras mi esposo y yo salíamos hacia la iglesia, sentí una angustia silenciosa en mi estómago.

El servicio fue maravilloso. Mis pensamientos fueron renovados por el mensaje. Mientras el pastor abandonaba el púlpito, se detuvo, y pronto regresó y habló. Sus palabras me sorprendieron: "Hoy algunos de ustedes van a regresar a la casa y encontrar que el enemigo les ha robado. No dejen que lo haga".

Escuché la suave y tenue voz dentro de mí que decía, Él está muerto.

Cuando llegamos a la casa llamé a Rodney. No hubo respuesta. Me metí en la cama y me cubrí con la colcha hasta la cabeza, sintiéndome a salvo, mientras mi esposo se dirigía hasta la cabaña. De pronto sonó el teléfono. Mi esposo había encontrado a Rodney muerto; él se había quitado la vida.

A la mañana siguiente yo era la oradora en una reunión de mujeres cristianas. Hablé del amor de Jesús. Mi cuerpo temblaba y mi corazón estaba dolido. Pero en medio de la confusión, parecía que Jesús estaba allí de pie junto a mí, sin fallar y firme. Yo descansé en su presencia y me sentí confortada de que Rodney estaba en realidad con Jesús, a quien él había conocido como Salvador. Otros quizás hayan pensado diferente, pero yo sentí que al fin Rodney estaba en casa y sano.

"Los furiosos vientos a menudo llevan la nave con más velocidad adentro del puerto", escribió el predicador británico Charles Haddon Spurgeon en el siglo diecinueve. ¿Cuán furiosos los vientos? Aún estoy atónita al comprender que mientras más somos zarandeados por esos vientos, más victoriosos nos volvemos.

Nosotros seguimos confiando en Dios por la salvación de Mike. En estos momentos no tengo comunicación con él. Se involucró en otra relación en un país al otro lado del mundo, débil y muy cerca de la muerte a causa de su enfermedad. Pero Dios me ha llamado a un lugar más profundo de intercesión, ¡y yo tengo que confiar en Él!⁴

¡Al fin en casa!

Bárbara Johnson, madre de cuatro hijos, perdió a un hijo en Vietnam, otro en un accidente automovilístico, y sufrió durante años el distanciamiento de un tercer hijo que vivió un estilo de vida homosexual, pero que al final regresó a su casa, a sus padres y al Señor.

Tim, su primogénito, había hecho una profesión de fe, pero ella estaba preocupada porque él parecía muy indiferente a las cosas espirituales. Un verano, él fue a Alaska con unos amigos, con la esperanza de encontrar trabajo y alguna aventura. Pronto los jóvenes se quedaron sin dinero, aún no tenían trabajo y estaban listos para regresar a casa. Cuando ellos se detuvieron para comprar gasolina, el asistente comenzó a testificarles y luego los invitó a una cena. Terminaron quedándose con él por varias semanas y su anfitrión les ayudó a encontrar trabajo en la construcción. Pero más importante, los involucró con un grupo cristiano local, donde otros creyentes les dieron amor y los alimentaron.

Cuando Tim y uno de sus amigos se dirigían a casa, él llamó a su mamá, lleno de entusiasmo por lo que Dios estaba haciendo en su vida. Justo cinco horas después de esa llamada, su auto chocó de frente con un camión conducido por un conductor borracho. Ambos muchachos murieron instantáneamente.

Bárbara comparte en uno de sus libros los sentimientos que ella experimentó cuando tuvo que ir a la morgue a identificar el cuerpo de su hijo:

> Aunque experimenté un dolor profundo por la pérdida de mi hijo mayor, le doy gracias al Señor por no haberme abrumado con mi tristeza. El Señor me ha impartido seguridad interior y gozo en el conocimiento de que de alguna manera iba a usar el testimonio del cambio de vida de Tim para acercar a otros a Él. Yo sentí la gracia de Dios envolviendo mi corazón... Fue como si pudiera levantar mi vista y ver a Tim de pie allí, brillando y sonriendo, diciéndome: "No llores mamá, yo estoy aquí con Jesús. ¡Al fin he llegado a casa!"[5]

La oscuridad es luz para ti

El pastor Ron Mehl ofrece estas palabras de ánimo a todo aquel que aún está orando por un pródigo:

> Cuando la oscuridad viene a nuestras vidas, cuando la luz parece desvanecerse y comenzamos a sentir como si el sol nunca más pudiera de nuevo romper la pesadez de nuestra noche, ese es el momento para "confiar en el nombre del Señor". Es el tiempo de confiar en nuestro Dios y

esperar en Él. Aquellos que con dificultad tratan de manufacturar su propia luz y consuelo, aparte de Dios, solo encontrarán dolor y tristeza al final de la prueba.[6]

Para los intercesores que aún buscan una brecha por la que han estado orando, el tiempo de espera puede parecer un túnel oscuro, sin luz al final del mismo. Una madre compartió esto con nosotras sobre sus propias luchas:

En el momento cuando me sentía casi totalmente envuelta por la oscuridad y la desesperanza en cuanto a mi pródigo, el Señor me ministró a través del Salmo 139: 11,12: *"Y si dijera: Que me oculten las tinieblas; que la luz se haga noche en torno mío, ni las tinieblas serían oscuras para ti, y aun la noche sería clara como el día".* Este verso me ayudó a comprender que Dios es mayor que la oscuridad para mí. Entonces Él me habló Isaías 45:3: *"Te daré los tesoros de las tinieblas y las riquezas guardadas en lugares secretos para que sepas que yo soy el Señor."* Yo aún sigo esperando por una brecha, pero en los momentos de oscuridad he conocido al Señor de una manera más profunda como nunca antes, y esa realidad es un tesoro.

Cree firmemente que el Padre que nos ama, con un amor eterno, está consciente del dolor que sentimos al estar apartados de nuestros pródigos. Su concepto del tiempo es muy diferente del nuestro. Pero Él está con nosotros cada momento de nuestro tiempo de espera.

Oración

Señor, he amado, he orado, he creído, he confiado, y he esperado por una brecha para mi pródigo. Por favor cuida a _____ dondequiera que él (ella) esté. Gracias por tu promesa de que_____ no fuera del alcance de tu amor y cuidado. Pero Señor, de alguna forma asegúrame que él (ella) está bien. Mientras espero por señales de arrepentimiento, ayúdame a mantener mi esperanza firme en ti, no importa cuánto tiempo tome. Te amo, Señor. Amén.

Preguntas para meditar

1. ¿Reconozco que Dios desea, incluso más que yo, que mi pródigo regrese y que con Él no hay casos sin esperanzas?

2. ¿Puedo confiar con firmeza en la fidelidad de Dios, aunque no vea con mis ojos en esta vida la respuesta por la que estoy orando?

Notas:
1. Peter Lord, *Keeping the Doors Open* (Tarrytown, NY: Fleming H. Revell, 1992) pp. 72-75.
2. Ibid., pp. 76-78
3. Viene de A *Woman's Guide to Getting Through Tough Times*, 1998 por Quinn Sherrer y Ruthane Garlock. Publicado por Servant Publications, Box 8617, Ann Arbor, Michigan, 48107, pp. 124-129. Con autorizacion.
4. Viene de Listen, *God Is Speaking to You*, 1999 por Quinn Sherrer. Publicado por Servant Publications, Box 8617, Ann Arbor, Michigan, 48107, pp. 124-129. Con autorizacion.
5. Barbara Johnson, *Where Does A Mother Go to resign?* (Minneapolis: Bethany House, 1979, 1994), pp. 50, 51.
6. Ron Mehl, *God Works the Night Shift* (Sisters, OR: Multnomah Publishers, 1994), p. 130.

CAPÍTULO NUEVE

El síndrome del hermano mayor

*El hermano mayor se enojó tanto que se negó a entrar.
El padre tuvo que salir a suplicarle que entrara,
pero él le respondió: "Todos estos años he trabajado sin
descanso para ti y jamás me he negado a hacer lo que has
pedido. Sin embargo, nunca me has dado ni un cabrito para
que me lo coma con mis amigos. En cambio, cuando este otro
regresa después de gastar tu dinero con mujeres por ahí,
matas el becerro más gordo para celebrarlo".*

LUCAS 15:28-30, LA BIBLIA AL DÍA

*Nosotros tenemos un hermano que intentó mantener una actitud
mejor que los demás, muy responsable, y trató de conservar su*

autosuficiencia al mismo tiempo que deseaba complacer a
su padre. Se concentraba tanto en esto que no logró ver
el corazón lleno de gracia de su padre. Estaba tan lleno
de orgullo que lo llevó a la censura. Su vida era un
depósito de enojos, resentimientos y reglas que
posiblemente ni siquiera podía mantener.
Se lamentaba por el regreso
de su hermano.[1]

H. NORMAN WRIGHT

En resumen, el síndrome del hermano mayor es la tendencia de juzgar los pecados y errores de todo el mundo excepto los de nosotros mismos. La historia de Jesús, de la
respuesta del hermano mayor al regreso del hijo pródigo, parece
tener la intención de exponer la actitud de juicio de los fariseos.
Para ellos, el mantener la Ley era más importante que mostrar
compasión a los pecadores. No hay duda de que ellos estaban ate-
rrorizados por las acciones del padre en la parábola, que corrió a
abrazar a un mugriento fugitivo.

Jesús terminó la historia sin que el hermano mayor respondie-
ra al llamado de su padre a que perdonara a su hermano y se re-
gocijara con su regreso. La parábola termina con una pregunta
implícita para todo el que ha recibido la misericordia de Dios: ¿Ya
que has recibido perdón, no debieras estar dispuesto a ofrecerlo?

Una y otra vez a través del Nuevo Testamento, aprendemos
de la necesidad de perdonar a aquellos que nos han hecho mal.
Santiago escribió: "No habrá misericordia para los que no han
mostrado misericordia. Pero si hemos sido misericordiosos, saldre-
mos victoriosos en el juicio" (Santiago 2:13, LBD). De la misma
manera que hemos recibido libremente la misericordia de Dios

cuando no la merecíamos, nosotros debemos ser misericordiosos con los demás.

El pastor David Wilkerson dice: "Yo creo que es el cristiano, poco caritativo, duro y rencoroso, el que aleja al pecador del poder redentor de Cristo... Los cristianos que son víctimas de todo tipo de tentaciones, a menudo excluyen al que busca, cuando les dicen que ellos son casos sin esperanza".[2]

¿Estamos nosotros juzgando u orando?

El hermano menor estaba perdido mientras se iba en busca de aventuras en países lejanos. El mayor estaba perdido en su arrogancia y orgullo. Qué fácil es sentirse petulante, seguro y mejor que los demás dentro de la iglesia, mientras consideramos con desprecio a aquellos que están afuera como "los perdidos".

En una de mis primeras visitas a Nueva York, hace muchos años, yo (Ruthanne) estaba con mi esposo y nuestro pastor anfitrión, quien nos conducía por la ciudad. Mientras esperábamos por el cambio de una luz de tránsito, miré por la ventana del auto y vi a un hombre que había entrado a una cabina de teléfono para escapar del viento frío que hacía. Él estaba borracho e inconsciente, pero el espacio restringido en la cabina lo obligó a encogerse haciendo de su persona un bultito.

¿Cómo puede una persona caer tan bajo y llegar a tal condición? Fue el pensamiento de superioridad que cruzó por mi mente.

Pero Dios conoce mi corazón y lee mis pensamientos. Y de manera instantánea escuché su respuesta: *¿Por qué lo estás criticando? Mi Hijo murió por él, de igual manera que lo hizo por ti. Debieras orar por él en lugar de condenarlo.*

Todo este intercambio de palabras duró solo unos segundos, pero me dejó una impresión duradera. Yo me arrepentí de mi orgullo espiritual y le pedí perdón al Señor, luego oré para que Dios enviara a alguien que se cruzara en el camino de ese hombre, y le diera las Buenas Nuevas. Desde entonces, le he pedido al Señor que me ayude a mirar a todas las personas, no importa su nivel condición o posición social, de la manera que Él las ve, y que me ayude a tener compasión para orar por ellos, no juzgarlos.

¿Amamos al pecador?

Manny era un estudiante en la escuela bíblica donde mi esposo John enseñaba. Él sentía que su llamado al ministerio estaba dirigido hacia los marginados y no amados, las personas vagabundas, aquellos que apenas componen el cuerpo económico o social de una iglesia luchadora. Incluso mientras estaba en el colegio él pasaba fines de semanas repartiendo alimentos y testificando a las personas que vivían debajo de los puentes y carreteras en las zonas de mala reputación de Dallas. Después de graduarse, se dedicó a jornada completa a ayudar a esas personas, arreglándoselas como podía con las migajas que le ofrecían de apoyo aquellas pocas personas que compartían el sentir de su corazón en esta obra.

Un día lunes, él llamó a John con un tono de enojo en su voz.

"Señor Garlock –dijo–, la iglesia fulana de tal me ha ayudado de vez en cuando con una ofrenda especial. Cuando yo les preguntaba que si estarían dispuestos a aceptar algunos de mis convertidos en su congregación, ellos siempre decían que sí. Bueno, el sábado por la noche un par de prostitutas y proxenetas aceptaron a Jesús en una esquina de la calle, les invité a que fueran a la iglesia conmigo el domingo, llamé al pastor para dejarle saber que irían. ¿Sabe lo que me dijo? Que los llevara al Ejército de Salvación o a una de las misiones de menor categoría. 'Mi gente no está preparada para tener personas como esa a su alrededor'. En ocasiones es difícil no enojarse con tales cristianos..."

Manny después le contó a John que él tenía varias puertas abiertas para presentar su trabajo, mostrando un video y haciendo un llamado. Una iglesia le compró una camioneta nueva para que distribuyera alimentos. Pero la actitud parecía ser: "Manny, sigue adelante con tu ministerio. Nosotros te daremos el dinero para no tener que hacer la obra".

Una jovencita que en una ocasión protestó a favor del derecho al aborto, vino a Cristo. Ella ofrece un triste testimonio de cómo fue tratada por muchos cristianos.

"Muchas veces las palabras y acciones de los cristianos me alejaban cada vez más de Jesús –me comentó–. Los cristianos necesitan dejar de usar la cita de San Agustín: 'ama al pecador, odia el pecado'. Como una lesbiana, activista, feminista, me sentí despreciada, juzgada y condenada por los cristianos. Tal parecía que ellos tenían activa el área de 'odiar', pero su 'amor' por mí nunca fue más allá de las palabras.[3]

Quizás cada uno de nosotros debiéramos preguntarnos: *¿Es mi actitud como la del padre en el pasaje de Lucas 15, estamos listos para recibir a un pródigo detestable con los brazos abiertos? O, ¿responderemos con desprecio como lo hizo el hermano mayor?*

Debemos evitar las comparaciones

El autor Henri Nouwen da una mirada penetrante a este tema:

A menudo pensamos sobre la perdición en cuanto a acciones que son muy visibles, incluso espectaculares. Él hijo menor pecó de forma que podemos identificar con facilidad. Su perdición es evidente. Hizo mal uso de su dinero, tiempo, sus amigos y su propio cuerpo. Se comportó de manera inadecuada, no solo con su familia y amigos, sino con él mismo...

La perdición del hijo mayor, sin embargo, es mucho más difícil de identificar. Después de todo, él hizo las cosas correctas. Era obediente, responsable y trabajador... A simple vista, el hijo mayor no tenía faltas. Pero cuando se enfrentó con el gozo de su padre por el regreso de su hermano menor, un oscuro poder irrumpió dentro de él y salió a la superficie. De momento, se hizo evidente y visible su resentimiento, orgullo, falta de bondad, egoísmo; una personalidad que había mantenido bien escondida...

El padre no compara a los dos hijos. Él los ama con un amor completo y expresa ese amor de acuerdo con el andar individual de cada uno...

Yo tengo que evitar toda comparación, rivalidad y competencia y entregarme al amor del Padre. Esto amerita un paso de fe porque tengo poca experiencia en amar sin comparar y no conozco el poder sanador de tal amor. Mientras yo me quede afuera en la oscuridad, solo podré quedarme en la queja del resentimiento, que viene como resultado de mis comparaciones. Fuera de la luz, mi hermano menor parece ser más amado por el Padre que yo; en realidad, sin esa luz, ni siquiera puedo verlo como mi propio hermano.[4]

Tú eres el hermano mayor

Una mujer escribió para relatarnos cómo el Señor trató con ella sobre la actitud del hermano mayor:

Debido a que crecí en un hogar abusivo, continuamente trataba de hacer lo que mi padre deseaba para complacerlo y evitar la explosión de su ira. Eso me preparó para que el abuso se volviera sexual. Me sentí atrapada. Cada vez que deseaba ser de valor para alguien, hacía lo que a esa persona le gustaba para ganar su atención. Me casé con David y las cosas no cambiaron.

Hace cinco años ambos vinimos al Señor y comenzamos a caminar con Él. Yo me involucré mucho en la iglesia, enseñaba a los que comenzaban, limpiaba y ayudaba siempre que alguien lo necesitaba. En los estudios bíblicos aprendí sobre lo que Dios deseaba para nosotros, pero con el tiempo me agoté. Sentía a Dios hablándome, pero llegué a un punto donde ya no podía escuchar lo que Él me estaba diciendo. Esto continuó.

Mi hermana encontró al Señor casi al mismo tiempo que yo, pero su camino era diferente. A veces caminaba alejándose de Dios. Entonces cuando las cosas se volvían muy malas para ella, regresaba a Dios y Él la bendecía. Después de un tiempo, ella volvió a sus viejas andanzas y las cosas se pusieron muy difíciles de nuevo, ella regresó a Dios, y Él la bendijo. Esto me enojó. No es que Dios no estuviera bendiciéndome. Estaba enojada porque parecía que yo estaba trabajando para acercarme a Dios y ella para alejarse.

Entonces un orador invitado, vino a nuestra iglesia y predicó sobre el hijo pródigo. Pero él se concentró en el hermano mayor. Yo siempre había leído la historia con el pensamiento: *Oh, esto está bien para aquellos que están perdidos,* sin darle importancia al hermano mayor. Yo comprendí que me identificaba con el resentimiento del hermano mayor. En mi corazón tenía heridas y temores profundos.

Al siguiente día en un estudio bíblico de mujeres, pedí oración. Mientras estaba adorando a Dios le di gracias llorando, sentí que Dios me decía: *¡Tú eres el hermano mayor!*

Lloré aun más. Le dije: "Dios, yo te amo". Él me respondió: *¿No sabes acaso que siempre has estado conmigo y todo lo que tengo es tuyo? Yo siempre he estado contigo.*

De momento un desfile de acontecimientos de mi vida pasaron por mi mente. Comprendí que estuve acercándome a Dios por un sentimiento de obligación y de temor al rechazo, la misma actitud que tenía hacia mi padre terrenal. Sin embargo, en cada ocasión, Dios me extendió su cubierta de misericordia, gracia y amor. Él me mostró que no hay nada que yo pueda hacer para merecer su amor.

Estoy comenzando a entender que tengo que dejar que el Espíritu Santo me atraiga, y luego tengo que ser obediente para seguirlo. Hace tiempo me arrepentí de mi actitud de hermano mayor ¡y he visto cómo Dios me la ha quitado y reemplazado con el gozo que da el que yo sea una de sus hijas!

La rivalidad entre hermanos deteriora el gozo

El resentimiento del hermano mayor hacia el menor a su regreso, revela una relación amarga que pudo haber sido en primer lugar, parte de la razón por la cual el hijo pródigo se fue de la casa. El padre gustoso recibió al aventurero de regreso en la casa como su hijo y deseaba ver a su primogénito aceptarlo de regreso como su hermano. Pero el orgullo y la terquedad hicieron completamente intolerante al hermano mayor. Si él hubiera estado dispuesto a perdonar a su hermano errante, el gozo del padre en la celebración, de cierto hubiera sido completo.

El doctor H. Norman Wright dice:

El menor (hermano)... regresó a casa después de haber gastado toda su herencia, cosa que no era una pequeña cantidad. No era nada que él se hubiese ganado, sin embargo, su padre le quitó todo los tropiezos: ropa nueva, joya, el mejor ternero para azar y la fiesta. No se menciona nada de castigo, regaños, restricciones o el ganarse la confianza.

Pienso que el (hermano mayor) no estaba tan insensibilizado por el regreso de su hermano menor o el perdón de su padre por él, como lo estuvo por la celebración.[5]

"Yo recuerdo el dolor que sentimos cuando nuestros otros hijos trataron a su hermano de esta manera –nos refirió una madre–. Nosotros estábamos gozosos de que nuestro hijo había regresado a la casa para las reuniones festivas con todo la familia, pero el resentimiento que sus hermanos y hermanas le mostraron casi arruinó la ocasión. Habíamos orado durante semanas para que él accediera a venir para este acontecimiento. Y por supuesto nosotros sabíamos que nuestro pródigo no estaba resplandecientemente limpio, pero sentimos que si lo recibíamos con amor, esto lo ayudaría de la mejor manera. En su lugar, luchamos con nuestra frustración con los hijos mayores, mientras tratábamos de mantener todo en calma con relaciones tensas. Me hizo apreciar el desencanto que tuvo que haber sentido el padre del hijo pródigo.

Un Dios de gracia

Jonás, el profeta del Antiguo Testamento comisionado para ir a predicar arrepentimiento a la ciudad de Nínive, es un ejemplo clásico de uno que tenía una mentalidad de hijo mayor. En lugar de obedecer a Dios, abordó un barco que salía en dirección opuesta a Nínive. Cuando les arremetió una tormenta violenta, sus compañeros de embarcación lo echaron al mar y él terminó en el estómago de un gran pez. Desde allí oró y clamó por ayuda.

Dios lo libertó, y Jonás obedeció predicando en Nínive. El mensaje de que Dios iba a destruirlos si ellos no se arrepentían, tuvo un impacto dramático. Toda la ciudad, desde el rey hacia abajo se arrepintió y se apartaron de sus malos caminos y Dios no destruyó la ciudad.

Pero Jonás resintió esta muestra de misericordia. Le reclamó a Dios: "Esto hizo que Jonás se sintiera muy enojado. Se quejó de ello ante Jehová: Esto es exactamente lo que pensé que harías, Señor, cuando todavía estaba en mi tierra y me dijiste que viniera a Nínive. Por esta razón huí a Tarsis. Yo sabía que eres un Dios de gracia, misericordioso, lento para la ira y lleno de bondad: yo sabía que con facilidad dejarías la idea de destruir a este pueblo" (Jonás 4:1,2 LBD).

El libro de Jonás termina con una pregunta de Dios: "Y ¿por qué no iba a tener lástima yo de la gran ciudad de Nínive con sus ciento veinte mil habitantes, que están en la más negra oscuridad espiritual, y de todo su ganado?" (Jonás 4:11, LBD).

Es obvio que la actitud de Dios hacia aquellos que se arrepienten es la misma que la del padre hacia el pródigo. La parábola termina con las palabras del padre: "Pero tu hermano estaba muerto y ha revivido, estaba perdido y apareció. ¡Eso hay que celebrarlo!" (Lucas 15:31, LBD).

¿Dios, cómo pudiste?

La actitud altanera de Vicky sobre un hermano arrepentido no era muy diferente de la de Jonás. Tarde una noche cuando ella soñolienta contestó el teléfono, escuchó a su hermano gritar: "Hermana, ¡acabo de invitar a Jesús a mi vida! Soy salvo. El predicador dijo que se lo dijera a alguno de inmediato, así que tuve que llamarte. Me imagino que has estado orando mucho tiempo por mí".

Su hermana se sentó sin decir palabra con el teléfono en la mano. *Dios, ¿cómo pudiste?* Preguntó ella con una actitud de superioridad. Entonces le recordó al Señor: *Este que se burlaba de mí y me gritaba en el funeral de nuestra madre, cuando yo traté de contarle cómo mamá recibió al Señor antes de morir, un hombre que destruyó el hogar de un pastor para casarse con su tercera y actual esposa, ¿ha aceptado al Señor? ¿Este rebelde es ahora un cristiano? Casi no puedo creerlo.*

¿Por qué será que cuando nuestros seres queridos son rescatados en respuesta a nuestras oraciones nos sorprendemos?

¿Por qué será que cuando nuestros seres queridos son rescatados en respuesta a nuestras oraciones nos sorprendernos?

Aún sorprendida, Vickie me llamó (Quin) la mañana después del anuncio de su hermano.

—Esto es maravilloso, ¿no recuerdas las muchas ocasiones que nosotras oramos juntas por él? —le dije. Yo me regocijé mientras ella tomó el tiempo para deshacerse de su actitud de hermano mayor.

Cuando vi al hermano de Vickie en la boda de su hija, comprobé en realidad que se había operado un cambio en él.

Nadie merece la gracia

Philip Yance dice:

La gracia viene sin cargo alguno a las personas que no se la merecen y yo soy una de esas personas. Recuerdo quién yo era: resentido, tenso con enojo, un simple eslabón endurecido en una larga cadena de falta de gracia aprendida de la familia y la iglesia. Ahora trato a mi manera de expresar el tono de la gracia... yo añoro que la iglesia se convierta en una comunidad que cultiva esa gracia.[6]

Después de pasar una semana en Washington, D.C. para observar una marcha de los derechos de los homosexuales, Philip Yance escribió su experiencia:

Toda las personas que entrevisté podía contar historias sobre el rechazo, el odio y la persecución que erizaban el pelo. A la mayoría les han puesto nombres despectivos, se les ha golpeado demasiadas veces para contarlas. Algunos de los pacientes con SIDA han tratado de ponerse en contacto con sus distantes familiares para informarles de su enfermedad, pero no han recibido respuesta. Un hombre, después de diez años de separación, fue invitado a casa a una cena del Día de Acción de Gracias. Su madre lo sentó aparte de la familia, en una mesa separada, con platos y cubiertos plásticos.

Algunos cristianos dicen: "Debiéramos tratar a los homosexuales con compasión, pero al mismo tiempo darles un mensaje de juicio". Después de todas estas entrevistas, comencé a entender que cada persona homosexual había (ya) escuchado el mensaje del juicio de la iglesia, una y otra vez.[7]

Deja de lado la censura

Edith y Bob son padres que trataron de inculcar, de la mejor manera, valores cristianos en sus hijos. Pero con Penny, su hija pródiga, el Señor les mostró el prejuicio que tenían en sus corazones.

Penny se acababa de graduar con honores de la escuela superior y estaba a punto de salir hacia una universidad cristiana. Ella trabajaba en un restaurante de comida rápida y salía a divertirse con sus amigas después del trabajo. Un día de verano empacó y se fue, dejando una sorprendente carta a sus queridos padres: diciéndoles que ella deseaba unas vacaciones del hogar. Les pidió que no trataran de buscarla pero que la perdonaran y oraran por ella.

"Mirando en retrospectiva, nosotros éramos muy estrictos y sobreprotectores –dijo Edith–. Antes de ser cristianos, Bob y yo fuimos unos salvajes extraviados, y deseábamos asegurarnos que Penny y nuestros hijos no seguirían nuestros pasos. Pero con nuestra rigidez solo provocamos la rebeldía de nuestra hija.

"Al principio no sabíamos dónde estaba ella. Más tarde nos enteramos que tenía un trabajo diferente y se había mudado con su jefe, Matt, quien era divorciado y tenía dos hijos. Esto fue muy difícil para Bob, parecía sentir que el divorcio era un pecado imperdonable. Yo temía que si nosotros mostrábamos amor, ella pudiera pensar que aprobábamos esta relación. Incluso nuestro pastor nos aconsejó que no tuviéramos más contacto con ella, (esto era en los días cuando no escuchabas mucho sobre parejas no casadas que vivían juntas). Nosotros visitamos a un pastor en otro estado y él nos animó a no echarla a un lado, diciendo que pudiera ser que fuéramos la única luz en su vida en este momento. Eso nos pareció correcto y pensamos que Jesús así lo haría.

Edith fue a un motel sola un fin de semana para ayunar y orar por su hija, como ella y Bob lo habían hecho muchas veces antes. En esta ocasión, cuando abrió la Biblia en Jeremías 31:16,17, esto se convirtió en su verso de vida: "... Reprime tu llanto, las lágrimas de tus ojos, pues tus obras tendrán su recompensa: tus hijos volverán del país enemigo, afirma el Señor, se vislumbra esperanza en tu futuro: Tus hijos volverán a su patria, afirma el Señor".

Edith cesó de llorar y comenzó a creer que su hija iba a regresar. Cinco años después, Penny regresó. Hoy ella y Matt están casados y tienen una hermosa familia cristiana.

Recientemente, yo (Quin) le pregunté a Edith qué cosa, además de orar, fue la clave que produjo el cambio.

"Yo diría que nosotros lidiamos con nuestros propios prejuicios y puntos de vista legalistas. Fue como si Dios estuviera esperando que Bob viera que el divorcio no es un pecado imperdonable y perdonara y dejara libre a este hombre. Una vez que mi esposo dejó la censura y perdonó a Matt, él y Penny se casaron. Nosotros tuvimos que descansar en Dios. Al fin, llegué a la conclusión de que si Dios puede esperar con paciencia por su regreso, entonces yo también. Después de todo, Él le ama mucho más de lo que yo pudiera hacerlo. Así que decidí cesar de esforzarme y sencillamente confiar en Él".

Hace poco estuve almorzando con ellos cuatro, y no puedes encontrar un cuarteto cristiano más feliz. Dios ha hecho una obra de restauración en esta familia.

Una actitud farisea

En ocasiones nosotros los padres olvidamos cómo éramos antes que Jesús nos rescatara, no como los fariseos con actitud de superioridad, de los que Jesús nos advirtió. Los padres que una vez estuvieron involucrados con drogas o alcohol, quieren librar a sus hijos del sufrimiento y el vacío que ellos experimentaron. Así que puede que los regañen, prediquen, amenacen o reaccionen con una actitud de censura.

Es posible que nuestros hijos necesiten conocer de nuestras propias debilidades o adicciones que en una ocasión nos tuvieron cautivos. A medida que Dios nos concede la humildad de ser honestos con ellos, podremos compartir en un momento apropiado, algunos de nuestros errores del pasado y cómo Dios tuvo misericordia de nosotros. Sin esta humilde transparencia nosotros podemos mostrar una actitud de demasiada censura y condenatoria; el duro legalismo por lo general prueba ser contraproducente.

Yo (Quin) soy una que cree en recoger lo mejor de cada generación. La Biblia registra muchos errores; el adulterio de David con Betsabé, el Ismael de Abraham, la traición de los hermanos de José, la persecución de Pablo a los cristianos, y sin embargo, nosotros tenemos el registro de la misericordia de Dios extendida a cada una de estas personas.

Por otro lado, como padres no podemos vivir en un callejón sin salida en un "si tan solo", porque no nos lleva a ninguna parte. "Si tan solo yo hubiera sido más estricto, menos estricto, lo hubiera cambiado de escuela, le hubiera prohibido juntarse con esos amigos, le hubiera quitado los privilegios del automóvil..." y la lista continúa. La culpa te ahoga. Pero nosotros podemos pedirle a Dios, como también a nuestros hijos, que nos perdonen por lo negligente, irresponsable y duro que fuimos. Entonces tenemos que abandonar esa culpa en la Cruz y recibir perdón.

Amor incondicional, tal como el padre le ofreció a su hijo menor en la parábola, es aquello que todo pródigo anhela al regresar. Margie Lewis nos recuerda lo importante que es esto:

> El amor incondicional no es siempre un sentimiento sobrecogedor e incontrolable. Es algo más que una emoción o sentimiento cálido en el corazón. El amor incondicional es una decisión consciente. Y en ocasiones, cuando los sentimientos flaquean, puede que esté casi resuelto. Es un asunto de la mente y de la voluntad así como del corazón...

> Los actos de bondad requieren de un esfuerzo real y de determinación frente a nuestros dolores y preocupaciones, pero estos son esenciales. Nuestras expresiones y reclamos de amor están huecos sin la bondad.[8]

Nosotros siempre amamos a nuestros hijos. Es probable que no amemos su comportamiento, su vestuario o amistades, pero los amamos a ellos como personas, el don de Dios para nosotros.

Cuando los pródigos comienzan a regresar a casa, démosle la bienvenida, abracémosle y restaurémosle con el amor de Dios.

Oración

Señor, perdóname por mi actitud de superioridad al juzgar a los demás; olvidando examinar mi propio pecado, sin acordarme cuán lejos me encontraba de ti. Pero me aceptaste tal como yo estaba, y no soy mejor que ningún otro pecador. Por favor no dejes que mi actitud equivocada aleje a un pródigo que necesita encontrar su camino de regreso a ti. Señor, te doy permiso para lidiar conmigo, para que mi corazón y brazos estén listos a recibir a cualquier pródigo, sea mío o de otra persona. Avísame cuando tengo que examinarme de nuevo en mis reacciones. Ayúdame a amar con tu amor y a ser un instrumento de reconciliación. Amén.

Preguntas para meditar

1. ¿Cómo he mostrado la actitud del hermano mayor hacia mi pródigo?
2. ¿Muestro esta actitud hacia los pródigos que visitan mi iglesia o viven en mi comunidad o son parte de mi lugar de trabajo?

Notes:
1. H. Norman Wright, *Sisters and Brothers Forever* (ventura, CA: Regal Books, 1999), p. 34.
2. David Wilkerson, *Two of Me* (Lindale, TX: Garden Valley Publishers, 1980), pp. 15,16.
3. Frederica Mathews-green, *"Chasing Amy"*, Christianity Today (enero 10, 2000), p. 60.
4. Henri J. M. Nouwen, *The return of the Prodigal Son* (New York: Doubleday, Image Books, 1992), pp. 70, 71, 80, 81.
5. Wright, *Sisters and Brothers Forever*, pp. 33, 34.
6. Taken from *What's So Amazing About Grace?* Por Philip Yancey. Derechos de autor 1997 por Philip D. Yancey. Usado con autorizacion de Zondervan Publishing House, p. 37.
7. Ibid., p.151
8. Margie M. Lewis, *The hurting Parent* (Grand Rapids, MI: Zondervan Publishing House, 1980), pp. 81, 83.

CAPÍTULO DIEZ

Ánimo para aquellos que esperan

Fortaleced las manos débiles y afianzad las rodillas vacilantes.
Decid a los de corazón tímido: Esforzaos, no temáis.
He aquí, vuestro Dios viene con venganza; la retribución
vendrá de Dios mismo, mas Él os salvará.

ISAÍAS 35:3,4, BdLA

No podemos escapar de un Dios que se encuentra en todas partes.
Él está allí llamando incesantemente a los suyos
a regresar a la casa del Padre.[1]

TOM BISSET

Si estás en un compás de espera, orando y esperando con esperanza por un pródigo, ¡anímate! Dios no se ha olvidado de ti. "La esperanza auténtica siempre es producto de una relación personal con Dios" –dice el pastor Lloyd Ogilvie–. La esperanza latente de su intervención oportuna y que Él mantiene sus promesas llenas de gracia a nosotros"[2].

Nuestra amiga Bárbara Johnson es la fundadora de un programa llamado "Spatula Ministries" (Ministerio Espátula). Existe para animar y levantar a los padres cuyos hijos se han vuelto pródigos, en especial si ellos han abrazado el estilo de vida homosexual. Ella está ayudando a "raspar del techo" a los padres traumatizados, de ahí el nombre del ministerio.

Bárbara ha recibido miles de cartas de personas que han sido tocadas por este ministerio, y a menudo comparte algunas en su periódico Espátula. A continuación daremos algunos segmentos de dos cartas de padres cuyos hijos pródigos están en relaciones homosexuales:

Dale tiempo, las heridas sanarán y ellos podrán reír de nuevo. El único trabajo de los padres, por ahora, es amar a sus hijos. Ellos no tienen que comprender, ni tratar de cambiarlos (solo Dios puede hacerlo). Solo necesitan amar, amar y amar a sus hijos. La razón por la que puedo decir esto es porque le hablo por experiencia... no apruebo el estilo de vida de mi hija, pero alabo a Dios por la buena relación que tenemos con ella.

Ahora nosotros escogemos dejar a nuestro hijo en las manos de Dios. Podemos amarlo de forma incondicional y orar por él. Desde entonces nuestro hijo nos ha dicho que el mejor regalo que le hemos dado, fue cuando él supo que su papá aún lo amaba y lo llamaba su hijo, y en realidad era parte de nuestra familia... El amor incondicional no es fácil. Necesita tiempo, requiere de una búsqueda en el alma y de una línea directa de oración con Dios.

Carta de una hija pródiga que ha regresado:

> Yo deseo animar a los padres que sienten el dolor y el desencanto causado por un hijo extraviado, a ¡ORAR, ORAR, y ORAR UN POCO MÁS! Yo soy una de esas hijas descarriadas, pero he regresado al Señor. Mis padres son poderosos guerreros de oración. Y sé, sin duda alguna, que fueron sus oraciones las que me llevaron a un genuino arrepentimiento.
>
> Yo era alcohólica, fumadora, usaba drogas, y a los dieciséis años comencé a ser sexualmente activa, pensaba que lo sabía todo. Me involucré con el grupo de amistades equivocado. Era muy mala y manipuladora. Un día, mientras mi padre participaba de una manifestación en contra de una clínica de abortos, decidí hacerme un aborto, y asesinar así a su nieto.
>
> ¿Me perdonaron ellos? Por la gracia de Dios, ¡sí lo hicieron! A través de consejería cristiana y muchas lágrimas hemos restaurado nuestra relación.
>
> Yo sé que hubo días cuando mis padres sintieron que sus oraciones no eran escuchadas, y mucho menos contestadas, pero continuaron orando y confiando en Cristo. En el tiempo perfecto de Dios, hice mi decisión por Cristo y por el camino ascendente de la restauración y la sanidad. Es posible que tengas días en que el túnel oscuro se extienda por kilómetros, pero solo recuerda que hay luz al final del mismo, ¡la luz de Dios![3]

Restauración divina

Una madre que continúa orando por su hijo pródigo encontró una esperanza para su vida en las Escrituras: "He visto sus caminos, pero lo sanaré; lo guiaré y le daré consuelo a él y a los que con él lloran, poniendo alabanza en los labios..." (Isaías 57:18,19 BdlA).

Ella dice: "Una mañana que encontraba orando y el Señor me habló con mucha claridad a través de estos versos, me dijo que mi hijo iba a ser sanado de su divagar. Años atrás yo había escuchado a un solista cantar sobre la mujer samaritana. Parte de la canción decía, 'yo nunca, nunca más tendré sed...' Le pedí a Dios que le diera de esa agua viva a mi hijo, y Él me dijo para mi tranquilidad: *Yo sé exactamente dónde está en cada momento; mis ojos están de continuo sobre él.* Cuando el Espíritu Santo me llamó la atención a este pasaje en Isaías, recordé lo que Dios me había hablado anteriormente y lo recibí como la promesa de que mi hijo sería restaurado".

Tom Bisset escribió en su excelente libro *Why Christian Kids Leave the Faith:*

No importa que estos trotamundos rehúsen escuchar, no asistan a la iglesia o permanezcan en silencio cuando la conversación se torna a las cosas espirituales. Ni siquiera importa si se niegan a orar o a leer la Biblia. Lo importante es que ellos no pueden escapar de Dios.[4]

En busca de aceptación

Diane y su esposo enfrentan un gran reto con Michael, su hijo, dotado en la música y lleno de energía que en ocasiones fue bastante rebelde. Pero Michael conocía al Señor, y sus padres se mantuvieron firmes y seguros de que Dios cumpliría el destino y propósito que tenía para su hijo. Después de él haberse marchado para la universidad, llamó a la casa un día con unas noticias asombrosas: "Mamá, papá, creo que ustedes están botando su dinero al mandarme a la universidad. Quiero regresar a casa y dedicarme a la música".

"En el vocabulario moderno esto significaba que él deseaba unirse a una banda y escribir música, con la esperanza de que le pagaran por eso –dijo Diane–. Él vino a casa. Se unió a varias bandas, escribió música y le pagaron por su trabajo. Su vida dio un giro, contrario a lo que la mayoría de los padres cristianos esperan de sus hijos, pero nosotros le apoyamos en sus decisiones. Mantuvimos nuestra fe anclada en lo que nosotros sentíamos que Dios había prometido: "... y aún cuando sea viejo no se apartará de él" (Proverbios 22:6, BdlA).

Sé constante en la fe de que Dios usará los talentos y dones de tus hijos para su gloria, sin tomar en cuenta tus expectativas y el límite de tu tiempo.

"Cuando Michael tocaba en clubes nocturnos o bares, nosotros íbamos a verlo y le aplaudíamos más fuerte que nadie. Cuando deseaba aprobación para la última línea que había escrito o sonido que había creado, se la ofrecíamos. Su papá pasó muchas horas, como la audiencia de uno, apoyando los sueños musicales de Michael.

"Hace unos años su tía le profetizó, que sería un líder de alabanza y adoración en una iglesia. Él no estaba listo para escuchar eso en ese momento, sin embargo, lo aceptó. Hoy Michael es un hombre de negocios con mucho éxito, casado y con dos hijos. Es el líder de adoración en una iglesia y ministra la música en conferencias cristianas alrededor del país. Esta no es solo la historia de un hijo pródigo que regresó, sino la de unos padres que nunca cesaron de creer que lo que sembraron en el corazón de su hijo, estaba vivo, era real y daría frutos".

No te rindas. Sé constante en la fe de que Dios usará los talentos y dones de tus hijos para su gloria, sin tomar en cuenta tus expectativas y el límite de tu tiempo.

Hambre de amor

La mayoría de los pródigos tratan de llenar sus necesidades de amor con decisiones inadecuadas. La historia de Chuck ilustra de forma apropiada este escenario. Un joven que creció en un hogar cristiano, hijo de misioneros en Centroamérica. Sin embargo, durante años luchó en secreto con la atracción hacia el mismo sexo y la culpa que sentía cuando accedía a esas tentaciones. Chuck escribe sobre su viaje hacia la santidad:

Los recuerdos de mi infancia en su mayoría muestran a mi mamá y mi hermana mayor, que era mi única compañera de juego. Papá un hombre adicto al trabajo, parecía estar fuera la mayor parte del tiempo. Él se convirtió al cristianismo cuando yo tenía cinco años y luego sintió que Dios lo estaba dirigiendo a ser misionero. Durante los próximos cinco años vivimos en tres estados diferentes mientras papá asistía a seminarios y escuelas de idiomas.

Siempre me sentí diferente de los otros varones. Siendo un niño de nueve años de edad, anglosajón y viviendo en un pueblo de la frontera de Texas, formaba parte de la minoría. Las pandillas de muchachos a menudo me molestaban cuando caminaba de la casa al colegio. Después que nos mudamos a Centroamérica me fue difícil tener amigos porque solo conocía unas cuantas palabras en español. El ministerio itinerante de papá nos obligaba a viajar de una iglesia a otra, así que nunca sentía que perteneciera a ningún lugar. En ocasiones observaba a un grupo de muchachos jugar fútbol y deseaba ser atleta como ellos y estar rodeado de amigos. Un día de forma inocente y accidental descubrí la masturbación, lo que se convirtió en una manera rutinaria de evadir mi soledad.

Papá seguía el ejemplo de los misioneros adictos al trabajo, y esto hacía que no lo viéramos muy a menudo. Pero de cualquier manera, en realidad no sabía cómo comunicarse conmigo o cómo proveer el apoyo que añoraba de él. Sentía un vacío paterno en mi alma, que necesitaba ser lleno con el amor de un hombre. Cuando las relaciones legítimas no se desarrollan adecuadamente para llenar una necesidad, por lo general uno se vuelve vulnerable a una relación ilegítima.

Un día mientras caminaba solo en un centro comercial después de ver una película, un hombre joven de aproximadamente treinta años se me acercó. Los extraños a menudo trataban de conversar conmigo para practicar su inglés, así que no sospeché nada. Este señor bien parecido, con una sonrisa amplia, parecía genuinamente interesado en mí. Sus ojos oscuros me atravesaban con su mirada mientras caminábamos. Cuando ofreció llevarme a mi casa, al principio dudé, pero después accedí pues parecía una persona sana. No podía imaginar que el aceptar que me llevara a mi casa un extraño, quedaría marcado ese día en mi alma por muchos años.

Mientras conducía, extendió su brazo y tomó mi mano. Pero no se detuvo allí. Él manejó por un camino pintoresco hasta la casa y estaba estacionando a un lado de la carretera. Pensé que mi corazón iba a salirse de mi pecho. Me sentía paralizado, así que le dejé que hiciera lo que él quería. Cuando me dejó en la a casa ya había tenido mi primera experiencia sexual. Fue tan maravilloso como espantoso. Me encantó la atención de un hombre, pero me sentí culpable, temeroso y confundido.

Ahora mi fantasía tenía un enfoque. Comencé a sentirme aun más diferente a los demás, y mi identidad masculina se deterioró. De verdad amaba a Jesús y deseaba hacer su voluntad, pero dentro de mí se estaba formando una oscura tormenta. Puse límites a ciertas áreas de mi vida y dejaba entrar a los demás solo hasta cierto punto. En lo profundo de mi corazón sabía que mi fantasía era pecado. Pero el grito de mi hambre de amor, combinado con el despertar de mi libido, fue tan intenso que ahogó la voz del Espíritu Santo.

No pude manejar solo los problemas

Después de la graduación de la escuela superior, Chuck regresó a los Estados Unidos, resuelto a dejar atrás el pasado para seguir el camino de la universidad bíblica, casarse y ser misionero, un hijo del cual su padre se sentiría orgulloso. Estuvo bien por un tiempo, pero para su decepción, no había cesado su atracción por los hombres, todo lo contrario. Él estaba solo, lejos de su familia y en un ambiente completamente diferente al que estaba acostumbrado. Su carta continua en una historia de confusión y desespero:

Estaba muy aterrado para hablar con alguien, pero no podía manejar solo estos problemas.

Cuando mi beca terminó, me mudé fuera del campo universitario y conseguí un trabajo secular, aislándome así de los otros cristianos. Era solo cuestión de tiempo, antes que tuviera un encuentro sexual ocasional. Sintiéndome culpable y deprimido, lloraba delante de Dios y prometía nunca hacerlo de nuevo, pero volvía a caer. Este ciclo dejó en mi alma un sentimiento de fracaso continuo.

Un cliente en el trabajo, que era abiertamente homosexual se hizo mi amigo y se volvió mi primera relación verdadera. Me gustaba la sensación que con él no tenía que aparentar. Un día me convenció de que lo acompañara a un bar de homosexuales en el pueblo. En poco tiempo los conocía a todos, incluyendo las presentaciones de entretenimientos. Las paredes que protegían la inocencia en mi corazón fueron derrumbadas una a una, y yo no podía ver que en su lugar, Satanás estaba fortaleciendo su dominio.

Aunque traté de mantener las apariencias, con el tiempo se descubrió y mi pastor vino a tocar a mi puerta. Por supuesto que yo quería tener una vida normal. Me aconsejó como a un amigo y me exhortó a cambiar de vida si era lo que verdaderamente yo quería hacer. Así que me sometí a todo lo que me pidieron que hiciera, incluyendo ir a un hombre que se suponía iba a ministrarme liberación. Él no me ofreció ninguna consejería profunda, sino solo algunas preguntas para determinar si yo deseaba cambiar, y le dije que sí. Pero no se determinó ningún plan de trabajo y yo aún estaba confundido. Todo mi sistema de creencia falsa estaba en su lugar. De camino a casa, pasé por un bar de homosexuales y de forma instintiva entré.

Me ministraron más de una vez. En cada ocasión, caí pero no sentía el valor de ir a hablar con alguien. La vergüenza, el temor y el rechazo me controlaron. No sabía cómo luchar contra el poder magnético que me seguía atrayendo hacia las barras y los siniestros encuentros. Después de algunos comienzos falsos intentando liberarme, me encontraba muy deprimido y me sentía un fracasado.

Pero gracias a Dios, que el Espíritu Santo siguió obrando en mi caso. Me sentía fuera de lugar en la iglesia, pero era peor si me alejaba de Dios. Decidí comenzar de nuevo y me mudé a un pequeño pueblo del suroeste. Allí, viví casi totalmente libre de encuentros con otros hombres, pero solo por falta de oportunidad. Me escondí en un ambiente cristiano y trabajaba jornada completa con un grupo de misioneros.

Después de varios años pensé que estaba viviendo lo suficientemente bien como para regresar al este del país para terminar la universidad bíblica y seguir los pasos de mi padre. Yo en realidad estaba buscando la aprobación de mi papá, pero siempre me sentía saboteado en mi intento de lograrlo. No comprendía que mi Padre celestial me aceptaba totalmente y me amaba.

Regresando a la misma situación de empleo que antes, sucumbí a las mismas tentaciones. Me salí de la universidad y mis días se convirtieron en una rutina de ir al trabajo y luego a la barra de homosexuales o a mi apartamento donde bebía hasta que me desmayaba. Deprimido y con una baja autoestima, había llegado al final de mis fuerzas.

Encontré la respuesta

Cuando vino su papá a visitarlo, Chuck trató de aparentar lo mejor que pudo. Incluso fue con su papá a la iglesia en otra ciudad donde iba a ministrar. ¡Qué sorpresa cuando los pastores invitaron a Chuck a vivir allí!

Mientras tanto, un hombre en el pueblo donde vivía, lo estaba enamorando y deseaba que Chuck se mudara con él. Pero Chuck sabía lo que tenía que hacer. Él continúa:

En algún lugar, de alguna forma, con seguridad Dios tenía una respuesta para mí. Sabía que no tendría paz hasta que la hallara. A pesar de los ruegos del hombre para que fuera a vivir con él, me mudé de pueblo para comenzar de nuevo y seguir a Dios.

Trabajé como ayudante en la casa de un caballero retirado que estaba recuperándose de una cirugía. Él y su esposa eran cristianos fuertes que ayudaron a traer de regreso a mi vida estabilidad y enfoque. Ellos me hicieron sentir genuinamente bienvenido y amado y me trataron con respeto y bondad. Fue un lugar seguro para mí. Él me retó a memorizar las Escrituras y a medida que lo hacía mi hombre espiritual comenzó a crecer y recibir fuerzas.

Un día un ministro ex homosexual vino a nuestra iglesia para una serie de reuniones. Curioso por saber si él era de verdad o no, asistí a una recepción. Cuando me acerqué a él, me sentí como si alguno de momento metiera su garra en lo profundo de mi estómago y me torciera por dentro. Si antes había dudado que yo estaba endemoniado, toda duda me dejó en ese momento. Creo que el espíritu malo reconoció la autoridad que el ministro tenía y sintió temor.

Hice una cita para verlo, él no me ministró liberación de inmediato. Primero, insistió en que escuchara algunas de sus enseñanzas. Su ministración se enfoca en la identi dad con Cristo y renovando la mente con las Escrituras. Al final de esa semana asistí a mi cita de ministerio, pero ya me sentía libre. ¡En esta ocasión sabía que algo había cambiado! En la casa del pastor ese día fui realmente libre. Me sentí limpio por completo y liviano por dentro. Fui lleno de un gozo que no había sentido en años, ¡estaba en una nube espiritual!

Solo unos meses después conocí a Doris, una hermosa maestra de niños, muy inteligente que asistía a nuestra iglesia. Después de cuatro meses de orar y buscar de Dios, nos comprometimos y nos casamos poco tiempo después. La pequeña iglesia estaba llena de personas, pero solo unas pocas sabían lo que este día significaba para Doris y para mí. Mamá y papá manejaron cientos de kilómetros para estar allí. Ellos estaban muy orgullosos de que yo me estuviera casando.

Mirando en retrospectiva, la única manera de que esto funcionó es porque nosotros estábamos convencidos de que Dios nos estuvo dirigiendo. Ahora, después de diez años, creemos firmemente que seguimos la dirección de Dios. Ambos necesitábamos mucha sanidad. Pero Dios nos encontró a Doris y a mí en donde estábamos y nos usó a cada uno para ministrar sanidad al otro. Nuestro compromiso mutuo y sobre todo a Dios es el eslabón que nos ha mantenido unidos en las buenas y las malas.

Todavía tengo problemas emocionales que vencer y patrones de pensamiento erróneos que corregir. Aprendí que a pesar de la orientación, la tentación sexual es solo eso "tentación". Solo porque yo era tentado no significaba que tenía que pecar. Entendí que la transacción espiritual había tomado lugar cuando fui seducido de adolescente. Y reconocí que mis necesidades emocionales de amor de parte de mi padre y relaciones masculinas legítimas fueron distorsionadas y llevadas al campo sexual. El haber adquirido una nueva comprensión de los sucesos en mi vida, me ofreció otra medida de libertad.

Aunque Doris y yo hemos pasado por momentos difíciles, Dios nos ha dado la gracia de mantenernos unidos. Agradezco a Dios por nuestros cuatro hijos. A medida que les expreso mi amor, el Padre Dios me revela su amor. Ahora, como ministro a "tiempo completo", encuentro que ya sea el homosexual o el que no lo es, la mayoría de los hombres luchan con la misma raíz de problemas, la búsqueda de amor, identidad y significado. Puedo decirles con seguridad que Jesucristo es la respuesta. Lo que el diablo quería para mi destrucción, ahora lo uso en contra suya para ayudar a otros. Dios es un Dios de esperanza y restauración, y lo que Él ha hecho por mí, lo hará por cualquier persona que busque la ayuda que necesita.

Con Dios, nadie es un caso perdido

El evangelista Billy Graham y su esposa Ruth, dependieron de la fidelidad de Dios a través de los años que oraron por su hijo rebelde. En el epílogo del libro de Franklin Graham, *"Rebel With a Cause"*, ellos escribieron:

Nosotros entendimos lo difícil que tuvo que haber sido tener un padre muy conocido, sin embargo, sabíamos que la rebelión no era personalmente en contra de nosotros... En resumen, Franklin no tenía tregua. Él había sido dedicado a Dios antes de su nacimiento, y Dios había mantenido su mano sobre él sin descanso todos estos años...

Cuando los amigos decían: "Tienes que sentirte orgulloso de Franklin", nos dimos cuenta que no era un asunto de orgullo, sino de gratitud a Dios por su fidelidad.

Con Dios, nadie es un caso perdido.[5]

A través de años de desencanto, los padres de Renée lucharon por mantenerse firmes en su creencia de que con Dios nadie es un caso perdido. A la edad de 15 años Renée se volvió rebelde, oponiéndose a las normas, autoridad y los valores cristianos que sus padres le habían inculcado. Ella se sentía atraída hacia el lado oscuro de la vida y con el tiempo comenzó a tomar alcohol y a codearse con un grupo diferente de personas. En una ocasión cuando sus padres estaban fuera del pueblo, se le encontró borracha junto a una acumulación de nieve y fue llevada de emergencia al hospital donde le hicieron un lavado de estómago para salvarle vida. Su madre continúa con la historia:

El golpe devastador vino cuando Renée quería hacerse un aborto. Como familia cristiana, esto nos afligió mucho. No podíamos dar nuestra firma de consentimiento, así que ella se fue a otro estado para hacérselo. No puedes imaginar el dolor que todo esto me ocasionó. Para preservar nuestra reputación, sentíamos que no podíamos compartir esta información con nadie solo con el Señor. Nuestro matrimonio estaba sufriendo. Pero seguimos buscando del Señor y rogando por sabiduría piadosa para ser padres responsables.

Aprendimos que el antídoto para la depresión es un corazón agradecido. El Salmo 3:3 (BdLA) se convirtió en la Palabra viva para mí: "Mas tú, Señor, eres escudo en derredor mío, mi gloria, y el que levanta mi cabeza". Nosotros personalizábamos las Escrituras y sustituimos el nombre de nuestra hija mientras orábamos, recordándole al Señor, su promesa.

Durante años, nuestra hija fue una alcohólica, lo que le impidió ir a la universidad, no tenía trabajos estables y se involucró en muchas relaciones con diferentes hombres. Huyó a otro estado con un hombre que abusaba de ella. Descubrió que estaba embarazada de nuevo y decidió que lo mejor sería casarse. Sin embargo, en este momento recobró sus sentidos, justo como lo hiciera el hijo pródigo en la Biblia. Ella volvió a comunicarse con nosotros e incluso escuchó nuestro consejo en una conversación telefónica.

"Dos cosas malas no hacen una buena" –le dijimos. Dijo que temía por su vida y deseaba irse, así que oramos para que Dios le proporcionara una vía de escape. Ella pudo conducir hasta un lugar seguro y al fin hasta nuestra casa. Una vez aquí se reconcilió con Dios y con nosotros. Felices le dimos la bienvenida al hogar.

Durante el embarazo, Renée se dio cuenta de lo sagrada que es la vida, y comenzó a seguir los caminos del Señor. Ella y su hijo vivieron con nosotros durante cinco años, mientras Renée comenzaba de nuevo la universidad, y al fin se graduó con honores y con un título de educación elemental. Hoy es una maestra creativa, trabajadora y una madre piadosa con su hijo de diez años de edad. En realidad, Dios fue un escudo alrededor de ella, la gloria y el que levantó su cabeza.

La ilimitada misericordia y el poder de Dios

La hija de Valerie, Amy, se involucró en el lesbianismo cuando se fue para la universidad, lanzando a sus padres a una batalla de oración que duró un año. Al fin Amy ha regresado de tierras lejanas, se ha reconciliado con sus padres y está rehaciendo su relación con Dios. Valerie comparte alguna de las lecciones que aprendió sobre los hijos que son atrapados en el estilo de vida homosexual:

"De acuerdo con mi experiencia, los únicos que salen de este estilo de vida son aquellos que fueron criados en hogares genuinamente cristianos y que en realidad nacieron de nuevo. Ellos no quieren pasar la eternidad sin sus familiares. Saben desde todo punto de vista lo que se están perdiendo. Amy dice que otras lesbianas veían que ella era diferente, incluso cuando estaba en el abismo. Ahora, reconoce las mentiras y engaños del enemigo en los cuales quedó atrapada.

La atadura a este estilo de vida conlleva a un círculo de dolor y desilusión más largo de lo que los padres pueden concebir. Amy sufrió mucho física y emocionalmente, tocando fondo en varias ocasiones antes de ser libre. Los padres que interceden deben orar a diario para que el estilo de vida del pródigo sea amargo y su hijo/a no reciban ninguna satisfacción del mismo. Seguirlo tiene que convertirse en algo mucho más doloroso que el dolor de dejarlo. En algún momento, Amy comenzó a entender que el hogar era más seguro, cálido y feliz que "allá afuera". El hogar era algo que no quería perder. Ella comenzó a entender cuánto la amábamos y cuánto nos amaba.

El orgullo es un lujo que los padres no pueden tener cuando quieren atraer a su hija y alejarla del abismo. ¡Dios le da gracia al humilde! Yo nunca dejé pasar la oportuni dad de recibir oraciones, y en muchas etapas tuve que arrepentirme de mi propio orgullo y mala actitud.

La voluntad de Dios tiene que ser la prioridad en todas las decisiones. En muchas ocasiones tuvimos que escoger entre el obedecer a Dios o el hacer lo que Amy quería que nosotros hiciéramos. Esto puede sonar simple, pero no lo es. Fue el momento más doloroso y difícil de nuestras vidas. Pero nosotros (incluyendo a Amy) estamos mucho más conscientes de nuestras debilidades y más importante aun, de la ilimitada misericordia y poder de Dios.

Tus lágrimas no son en vano

Si te has preocupado un poco mientras luchas en oración por tu hijo pródigo, es posible que desees tratar lo que yo (Quin) hice para edificar mi fe en el momento del desánimo con mis hijos. Leí biografías de grandes hombres y mujeres de fe, buscando ejemplos de cómo sus madres habían orado.

Mónica, la madre de San Agustín, es una de mis favoritas. A la edad de 16 años, el rebelde joven Agustín vivía con una mujer, fue el padre de un hijo ilegítimo y con el tiempo se unió a un grupo herético o culto. En sus confesiones él cuenta cómo Dios "atrajo su alma de la oscuridad más profunda" a causa de su madre, de quien cuenta, lloró por él mucho más que la mayoría de las madres lloran cuando sus hijos mueren. Cuando Mónica le pidió a un obispo que hablara con su hijo, él rehusó, diciendo: "Déjalo quieto por un tiempo... solo ora a Dios por él... Sigue tu camino, y Dios te bendi ga, porque no es posible que el hijo de estas lágrimas perezca".

Fueron las lágrimas derramadas por Mónica, en persistente oración por casi diecinueve años las que trajeron a su hijo de regreso a Dios. Luego él se convirtió en uno de los obispos dirigentes de la iglesia en el siglo cuarto.

Como la mayoría de los padres de pródigos pueden testificar, las lágrimas a menudo acompañan nuestras oraciones por los hijos que se extravían. De hecho, en ocasiones el llanto es el único tipo de oración que podemos hacer. Wesley Duewel nos asegura:

> Orar con lágrimas es hacer una inversión eterna. Orar con lágrimas es sembrarlas en una cosecha eterna. Ninguna lágrima vertida en carga intercesora por otros puede ser olvidada por Dios, no registrada o derramada en vano. La intercesión rociada con lágrimas es una de las formas de oración más poderosa que se conoce. Tan seguro como que Dios está en el cielo, 'El que con lágrimas siembra, con regocijo cosecha. El que llorando esparce la semilla, cantando recoge sus gavillas" (Salmo 126:5,6).[6]

En espera de buenas noticias

Rhonda era la única de los tres hijos de Nancy que era un hijo problema. Aunque nunca se metió en problemas con la ley, se rebeló en contra de las normas de sus padres y por lo general mantenía las cosas alborotadas. En una ocasión cuando ella tenía dieciséis años, se fugó de la casa con una amiga. Durante tres noches en vela, Nancy y su esposo esperaban y oraban por buenas noticias y por el bienestar de las niñas.

Cuando regresaron a casa, Nancy supo que habían estado en una ciudad cercana, durmiendo de noche en el automóvil a solo dos cuadras donde un asesino notorio había sido arrestado.

Rhonda siguió haciendo travesuras, manteniendo a sus padres ansiosos, incluso durante sus años de universidad. Todo ese tiempo Nancy oraba por su hija.

Rhonda había nacido con una condición en el corazón que le causaba unos latidos rápidos y erráticos, haciendo que tuviera dificultad al respirar. Cuando le venía uno de estos ataques, tenía que ir a la sala de emergencia para recibir una inyección para regular los latidos de su corazón.

Unos meses atrás, mientras esperaba en el salón de emergencia por una inyección, consciente de los latidos irregulares del corazón, las palabras de su mamá regresaron a ella. "Solo pídele a Dios cuando necesites de Él". Mientras la enfermera estaba preparando la inyección, Rhonda oró en silencio y nerviosa: "Ayúdame, Dios ayúdame". De momento su corazón volvió a latir de forma normal. Le pidió a la enfermera que mirara al monitor. Mostraba un latido normal. Ella le testificó a la enfermera que acababa de orar y que Dios la había sanado.

Rhonda tenía lágrimas en los ojos mientras ella reportaba el incidente a su mamá. "Dios me sanó. ¡Él lo hizo!" –le decía. Luego, cuando ella regresó a la casa para una reunión de su clase de escuela superior, le dijo a sus padres, que había dedicado de nuevo su vida al Señor, después de veintitrés años de su pródigo divagar.

"Mi esposo y yo reclamamos en oración cada verso de la Palabra que remotamente se aplicaba a ella durante esos años –dice Nancy–. Y nosotros la amamos. Nuestras relaciones en los últimos años han sido muy buenas, así que tuvimos oportunidad de demostrarle cuánto la queríamos a pesar de su relación con Dios".

Recobró sus sentidos

Yo (Quin) estaba hablando en el servicio del domingo en la mañana en Virginia, cuando me detuve en medio del mensaje y dije algo que hasta a mí me sorprendió. Alguien aquí necesita escuchar esto: "Los hijos pródigos van a comenzar a regresar a casa... El tuyo es uno de ellos".

Cuando me senté, la señora sentada en la hilera detrás de mí me tocó en el hombro y dijo: "Pienso que esa palabra de ánimo era para mí. Yo la recibo. ¡Mi hija pródiga viene de regreso a casa!"

A esa misma hora, su hija, quien vivía en un hogar para jóvenes con problemas a causa del abuso de las drogas, se sentó y le escribió una carta. Le pedía perdón y expresaba el deseo de regresar a casa y vivir una vida más concentrada en Dios. Pocos días después ella fue dejada en libertad para regresar a la casa; más tarde le pidió a Jesús que fuera su Señor. Ella se unió al grupo de jóvenes de una iglesia y recibe enseñanza de cristianos maduros. Uno de esos maestros, una amiga de su gozosa madre, me escribió para asegurarme que la palabra que yo le había dado se cumplió.

Estas historias debieran animar a cualquier padre que aún está en espera y que está orando por una situación pródiga desesperada. Cuando la vida parece negra, la Escritura nos recuerda las promesas de Dios a nosotros. "Tenemos como firme y segura ancla del alma una esperanza que penetra hasta detrás de la cortina del santuario, hasta donde Jesús, el precursor, entró por nosotros..." (Hebreos 6:19,20).

Esperar el regreso de un hijo pródigo es una de las experiencias más difíciles que un padre pueda pasar, pero podemos encontrar consuelo en el hecho de que Dios conoce nuestro dolor y lo experimenta con nosotros. De hecho, el pastor Jack Hayford escribe que Dios el Padre, como su Hijo sufrieron desencanto con aquellos cercanos a ellos:

Si entre todos, el infinitamente amoroso, perfectamente dirigido y excelentísimo en cuidado, el Padre, experimentó un revés en sus esperanzas con un hijo, hay gran esperanza disponible para cualquiera que está luchando con la inquietante pregunta que la culpa nos recita una y otra vez: "¿Dónde fallé...?"
Tu hijo descarriado puede que haya volado hacia el sur y

ahora los vientos del invierno están tratando de golpear tu alma hasta despedazarla. Pero yo te estoy escribiendo para animarte y que te pongas el vestido de alabanza llena de la verdad. Y que recuerdes: Cuando llega la primavera, aquellos que "volaron al sur" por lo general regresan a la casa. ¡Espera eso![8]

Oración

Señor, gracias por el ánimo que recibo cuando escucho las historias de victoria de otras personas. Ayúdame a no volverme envidiosa porque mi hijo pródigo no ha regresado aún a casa. Tú eres un Dios amoroso e imparcial, y puedo confiar en tu tiempo. Ayuda mi incredulidad cuando yo necesito fe y fortaleza para pasar aun por otro día de espera. Muéstrame cómo animar a otros que también están caminando por este dolor. ¡Que nosotros podamos comenzar a contar nuestras bendiciones en lugar de nuestras pérdidas! Estoy contenta de que tú siempre estás llamando a nuestro hijo pródigo de regreso a la casa del Padre. ¡Por favor Señor, sigue llamando! Amén.

Preguntas para meditar

1. ¿En qué áreas de mi vida ha redimido Dios los errores de mi hijo?

2. ¿Cuál es el promedio de fidelidad de Dios en la vida de mi hijo pródigo, aunque aún estoy esperando por su regreso?

Notes:

1. Tom Bisset, *Why Christian Kids Leave the Faith* (n.d.; reprint, Grand Rapids, MI: Discovery House, 1992, p. 206.
2. Lloyd Ogilvie, *A Future and a Hope* (Dallas: Word Pulishing, 1988), p.50
3. Excerpts from newsletters of Bárbara Johnson's Spatula Ministries, La Hanra, CA.
4. Bisset, p. 207.
5. Franklin Grham, *Rebel With a Cause* (Nashville: Thomas Nelson, 1995), p. 314.
6. Edith Deen, *Great Women of the Christian Faith* (Westwood, NJ: Barbour and Co., 1959), p.23.
7. Wesley L. Duewel, *Touch the World through Prayer* (Grand Rapids, MI: Zondervan Publishing House, 1986), p.93.
8. Jack Hayford, *"When the Pastor's Kids Stray"'* Ministries Today (Mayo/Junio 1999), p.25.

CAPÍTULO ONCE

Cuelga el letrero "Bienvenido a Casa"

*Vengan a mí todos ustedes que están cansados y agobiados,
y yo les daré descanso. Carguen con mi yugo y aprendan
de mí, pues yo soy apacible y humilde de corazón,
y encontrarán descanso para su alma.*

MATEO 11:28-30

*Ella caminó hacia la estación terminal sin saber qué esperar.
Ni una de las miles de escenas que habían pasado por su mente
la prepararon para lo que estaba viendo. Allí en las paredes
de concreto y sillas plásticas de la terminal de autobuses
en Traverse City, Michigan, se encontraba grupo de cuarenta*

> *hermanos y hermanas, tíos abuelos, tíos y primos, abuela*
> *y también una bisabuela. Todos luciendo raros sombreros*
> *de fiestas y soplando aparatos para hacer ruido y a lo largo*
> *de toda la pared de la terminal un letrero que decía:*
> *"¡Bienvenida a Casa! De en medio del grupo salió su papá.*
> *Ella lo miró a través de lágrimas que se asomaron a*
> *sus ojos como mercurio caliente y comenzó a decir*
> *el discurso memorizado: "Papá, lo siento mucho.*
> *Yo sé..." Él la interrumpió: "Calla, hija, no tenemos*
> *tiempo para eso. No hay lugar para disculpas.*
> *Llegarás tarde a la fiesta. Hay un banquete*
> *esperando por ti en casa".[1]*

PHILIP YANCEY

Un enfoque alentador de la vida de Jesús es su trato con Pedro, el discípulo que lo negó. En las horas llenas de emoción que siguieron al arresto de Jesús, Pedro negó que conocía al Señor que había seguido durante tres años. Incluso maldijo para probar lo que decía. El clásico comportamiento del pródigo.

Pero cuando el gallo cantó por segunda vez, él recobró su sano juicio. Recordando que Jesús había profetizado que esto iba a suceder (Marcos 14:30), Pedro lloró lágrimas de arrepentimiento. Cuán miserable tuvo que haberse sentido durante los siguientes tres días, llevando la culpa de su traición (Marcos 14:66-72).

Después de la crucifixión y el entierro, pasado el sábado, las mujeres que habían seguido a Jesús a la cruz, fueron a la tumba para ungir su cuerpo. ¡Pero la encontraron vacía! Su dolor se disolvió cuando un hombre vestido de blanco les anunció que Jesús había resucitado de entre los muertos. Luego les dio instrucciones específicas: "Pero vayan a decirles a los discípulos y a Pedro: Él va delante de ustedes a Galilea. Allí lo verán, tal como les dijo'" (Marcos 16:7, énfasis añadido).

Pedro, el seguidor que le dio la espalda al Maestro en el momento más crítico, recibe una invitación para encontrarse con Jesús en Galilea. Un letrero de "Bienvenido a Casa" es colgado especialmente para él. Max Lucado escribe:

> Es como si todo el cielo hubiera visto caer a Pedro, y de la misma forma deseara ayudarlo a levantarse de nuevo. "Asegúrate de decirle a Pedro que él no es dejado afuera. Dile que un fracaso no significa cambiar de bando..." No en balde le llaman el Evangelio de la segunda oportunidad.[1]

Ofrece aceptación

¿Has colgado un letrero de "Bienvenido a Casa" para tu hijo pródigo? ¿Estás dispuesta a ofrecerle una segunda, tercera o cuarta oportunidad? Quizás has estado tan concentrada en la oración para que él recobre sus sentidos, que ni siquiera has pensado planificar una fiesta de bienvenida.

—Ellos no llegan a casa un día con olor a chiquero y a la mañana siguiente se levantan oliendo a rosas, haciendo todo de la forma que a ti te gusta —nos dijo la madre de un pródigo.

Los hijos pródigos desean ser aceptados como son, por lo que son, no porque ellos reúnen los requisitos para mantener las normas u obedecer el comportamiento cristiano que se espera de ellos.

Parte del proceso de bienvenida es darles tiempo para ajustarse. Este es el puno donde necesitamos pedirle a Dios que los rodee de buenas amistades.

Algunos hijos pródigos pueden decir: "Yo amo a Dios, pero no quiero ir a la iglesia". Tienes que trabajar eso con mucha paciencia

Los hijos pródigos desean ser aceptados como son, por lo que son, no porque ellos reúnen los requisitos para mantener las normas u obedecer el comportamiento cristiano que se espera de ellos.

y sabiduría. Considerando sus situaciones particulares, heridas, desencanto, pérdida de sueños. Dales tiempo, tiempo y tiempo para ajustarse. "Te amo" es la frase más dulce que puedes decirle. "Te perdono" es posiblemente otra frase que puedes susurrar.

"Muchos hijos pródigos han regresado a casa, solo para encontrar más rechazo cuando ellos no mantienen la perfección desde el comienzo" –nos escribió un hijo pródigo–. "A menudo hay un proceso de sanidad. Nosotros tenemos que ser pacientes para permitirle al proceso el tiempo necesario para dar resultados. Los hijos pródigos no necesitan que se les recuerde cuán pecaminoso es su comportamiento. A menudo están dolorosamente conscientes de su imperfección. Ellos necesitan saber que sus padres están dispuestos a trabajar con ellos y que los aman, incluso cuando han fracasado".

Reclamo a mi hijo para Dios

Hemos escuchado numerosas historias sobre los hijos de ministros que se han ido a tierras lejanas, dejando una estela de tristeza en los corazones de sus padres. Un pastor escribió y compartió su dolorosa experiencia con su hijo pródigo, que al final terminó en gozo:

Yo soy pastor y padre de un hijo pródigo. Por largo tiempo viví en negación, no deseaba aceptarlo. ¿Cómo podía ser que mi hijo, se alejara del Dios que yo amaba y al que le había enseñado a amar? Él comenzó a rebelarse en la adolescencia, pero yo me mantuve firme, o al menos así pensaba. Oraba por mis dos hijos y les señalaba la dirección para cumplir con la voluntad de Dios para sus vidas.

Después de mudarme para desempeñar un ministerio diferente, las cosas fueron de mal en peor en la vida de Mark. Abandonó las actividades deportivas de la escuela, en las cuales siempre había participado, y cedió ante la influencia negativa de otros pródigos. Entonces abandonó la escuela superior justo un semestre antes de graduarse. Cuando cumplió dieciocho años, se fue de la casa para viajar a un país lejano. Él nos prometió que buscaría una iglesia donde asistir, cosa que hizo al principio. Pero entonces, él conoció a otro pródigo, una jovencita, y se mudaron juntos. Pronto ambos estaban a la deriva.

La relación duró menos de un año y se encontró solo y lejos del hogar. Incluso después de dos años de haberse marchado, yo no admitía que él era un hijo pródigo. Durante los próximos dos años, fui probado como nunca antes cuando al fin enfrenté la realidad de que quizás Mark no regresara a Dios. Desanimado, a menudo deseaba renunciar como pastor, aunque Dios me estaba usando para impactar vidas, y las almas se estaban salvando. En una ocasión incluso escribí mi renuncia, pensando que esta era la voluntad de Dios para mí.

Entonces recibí un libro por correo: "Cómo orar por tus hijos", por Quin Sherrer. El leer este libro fue un punto de cambio para mí.

"¡No voy a dejar que el enemigo tome a mi hijo!" –declaré. Hice un compromiso con Dios ese día, oraría y lucharía por el alma de Mark. Así lo tuviera que hacer hasta el día de mi muerte, no cesaría en mi oración, reclamando a mi hijo para Dios y pidiéndole que lo hiciera regresar a sus sentidos. Con ese compromiso entregué a mi hijo por completo en las manos del Señor. Tomé la determinación de mantenerme en contacto con Mark, sin predicarle, pero asegurándole: "No importa lo que hagas o lo que te vuelvas, siempre serás mi hijo. Siempre serás amado y cada día te veré en mis oraciones".

Me preocupaba que si Mark no cambiaba pronto, su corazón pudiera endurecerse. Pero a medida que continué humillándome delante de Dios, me reveló que a través de esta difícil jornada Él estaba obrando en mi vida. Admito que no hubiera aprendido algunas de las lecciones tan necesarias, si no hubiera pasado por este dolor.

Una de las oraciones más significativas que hice durante este tiempo fue pedir a Dios que enviara fuertes influencias espirituales a la vida de nuestro hijo pródigo. Esto puede servir para traer a la memoria todo lo que se le ha enseñado y regar todas las semillas espirituales que se han sembrado. Si era atacado con tanta facilidad por las influencias negativas, de seguro que él podía ser ganado de regreso por encuentros con lo positivo.

Entonces, sin esperarlo, Mark vino a vivir con nosotros por un tiempo. Él salió una noche y conoció a una muchacha en una fiesta donde había licor y la trajo a casa con él. Cuando entraron a mi casa después de las 1:00 A.M., oliendo a licor, enojado los boté. Pero después que apagamos las luces, el Espíritu Santo trató con mi vida mientras los escuchaba conversar sentados en la acera de la calle, afuera de mi casa. Mi corazón se ablandó mientras pensaba lo rápido que los había juzgado.

Salí a hablar con ellos y terminé invitándolos a entrar y a quedarse esa noche (en habitaciones separadas). A la mañana siguiente Mark se fue a su trabajo; después que su nueva amiga se levantó, conversamos y nos conocimos mejor. De inmediato discerní que ella había abandonado un hogar roto y estaba muy sola, con la mayoría de su familia viviendo en la lejana Inglaterra. A medida que contó más sobre su vida destrozada, yo le hablé sobre un Padre amoroso que cuida de ella y estaba allí para ayudarla. Entonces ella invitó a Jesucristo a su corazón y le entregó su vida a Él.

Ellos se quedaron por unos días más, pero Mark se cansó rápido de las normas de nuestra casa. A menudo ventilaba su enojo con nosotros de forma verbal, y al final ellos decidieron marcharse a Inglaterra y vivir con la mamá de ella. Después de unas pocas semanas, esa situación se volvió un infierno emocional y se mudaron de allí. Se encontraron sin dinero, sin trabajo y sin alimento, en un país realmente lejano.

Nos encontraremos en el cielo

Este padre continúa contando la historia de la semana que se estaba preparando para salir a un viaje misionero a Haití. Su hijo lo llamó desde Inglaterra esa noche antes de salir.

A medida que Mark derramaba su corazón relatando los desánimos y fracasos, yo no podía hacer otra cosa sino amarlo y escuchar. Le dije que estaba saliendo para una parte remota de Haití al día siguiente y que estaría incomunicado con la familia por diez días. Entonces le dije:

"Hijo, yo te amo más que la vida, y no he cesado de orar por ti. Si algo me sucediera y no regreso a casa, por favor prométeme, por favor prométeme, hijo, que me encontrarás algún día en el cielo".

"Papá, nada te va a suceder" –dijo protestando.

Pero le pedí de nuevo que me lo prometiera antes de colgar, que él se prepararía para encontrarse conmigo en el cielo.

"Sí, papá, te lo prometo" –me respondió, casi llorando.

Los diez días del viaje misionero fue un tiempo extenso de oración, ayuno y ministerio. El último domingo, yo prediqué en Port-au-Prince sobre el tema del hijo pródigo. Durante esa semana, más de cien almas habían venido a Cristo. De regreso a casa me preguntaba qué habría sucedido con mi querido hijo. Entonces supe que de alguna manera él y su novia habían conseguido el dinero para regresar a los Estados Unidos y volaron la misma noche que yo. De nuevo estábamos juntos. Honestamente no sabía si lo iba a ver de nuevo en esta vida.

Durante esa semana hablé con la novia de Mark en varias ocasiones y estaba emocionado porque la buena semilla estaba aún en su corazón. Nosotros oramos y compartimos de la Biblia. Entonces llegó el domingo en la mañana. Miré hacia fuera y vi algo que casi no podía creer, Mark y su novia estaban sentados juntos en mi iglesia para adorar. El Señor habló con poder a través de su Palabra y su Espíritu esa mañana, hice una invitación. La novia de mi hijo vino hasta el altar, ¡y siguiéndola de cerca estaba Mark! Caí de rodillas y oré con ellos mientras ambos se arrepentían y le entregaban sus vidas a Dios. Pensé que estaba soñando, nada más en el mundo me importaba en ese momento que mi hijo, lo abracé durante varios minutos, su hombro bañado con mis lágrimas, lágrimas de gozo por un Dios tan misericordioso que había traído de regreso a casa al hijo pródigo.

"Vengan canten conmigo, alaben a Dios conmigo" –dije, volviéndome a la congregación–. ¡Regocíjense conmigo! Mi hijo que estaba muerto está vivo. ¡Mi hijo que estaba perdido ha sido encontrado!" Y todos comenzamos a hacer una fiesta. Dos semanas después ellos fueron bautizados y ahora planean casarse y servir al Señor juntos.

De regreso a casa

Para Rebecca, la bienvenida dada a su hijo fue una larga espera, pero valió la pena. En su juventud, su hijo Morris desarrolló una mentalidad de víctima causada por el trato abusivo de su padre. Después de un doloroso divorcio, Rebecca se casó con un pastor, pero las consecuencias del daño emocional de su hijo empezaron a aparecer. Cuando Morris llegó a la adolescencia, comenzó a huir de Dios, se involucró en las drogas y luego tuvo un matrimonio desastroso. Incapaz de sentirse amado y aceptado se fue a "tierras lejanas" en busca de aceptación dondequiera que pudo buscarla.

"Le pedí a todo intercesor que conocía, que orara por mi hijo" –dice Rebecca. Después que fracasó su matrimonio él tuvo un colapso nervioso, pero era un hijo pródigo. Durante años mis amigos continuaron orando por él. Cuando al fin regresó a casa a la edad de treinta y siete años, su padrastro lo recibió con amor. Le dijo: "Recupérate, sánate, Morris. No tienes que buscar un trabajo de inmediato. Tu mamá y yo estamos aquí para asegurarnos que seas restaurado".

Morris se recuperó, y luego encontró trabajo. Una de las mejores amigas de Rebecca y compañera de oración, deliberadamente fue a trabajar al lugar donde lo habían contratado a él. Su meta: "continuar intercediendo por su actitud pródiga y llamando su herencia". Ahora ha sido promovido a una posición de supervisor. Morris pide libremente por oración. La amiga de su madre ora con él todos los días, y en ocasiones pasan su tiempo de almuerzo estudiando la Biblia.

A causa de áreas no resueltas en su vida, principalmente de la niñez, Morris siempre ha tenido problemas para mantener un trabajo. Si un jefe parece demandar demasiado, le recuerda la manera ruda de su padre, y renuncia o es despedido. Pero ha comenzado a identificar estos problemas y le está pidiendo a Dios que lo sane. Ahora libre de la droga y el alcohol, Morris está creciendo en el Señor, compartiendo una casa con su hermano y encaminándose para disfrutar de la vida.

A la edad de treinta y nueve años, le escribió a su padrastro una carta que decía: "Lo mejor que pudo sucederme fue regresar a casa. Gracias por tomar cuidar de mi mamá y de mí. Te ama, Morris".

¿Cuál fue la clave para el regreso de este hijo pródigo? De seguro las oraciones de su madre y sus compañeras, y el amor y la aceptación del padrastro que lo invitó al hogar fueron cruciales para su total sanidad.

El padre en la parábola de Jesús vio a su hijo venir, "y todavía estaba lejos cuando su padre lo vio" (Lucas 15:20). Él corrió a encontrarse con él, llenándolo de besos, incluso antes del hijo rebelde pedirle su perdón. Qué patrón es este para nosotros. Si estás orando por un hijo pródigo para que regrese, pídele al Espíritu Santo que te muestre maneras en que puedas asegurarle a tu hijo que el letrero de "Bienvenido a Casa" está puesto.

La vida es preciosa

Cuando Bernice y Tim supieron que su hija Cheryl de quince años, estaba esperando un hijo, pensaron que el aborto era la mejor solución porque Cheryl era muy joven y tenía toda una vida por delante.

Hasta que esto sucedió, Bernice no sabía dónde estaba ella parada en cuanto al tema del aborto. Entonces habló con un pastor que le explicó con claridad su posición y le leyó estos versos: "Tú creaste mis entrañas; me formaste en el vientre de mi madre. ¡Te alabo porque soy una creación admirable! ¡Tus obras son maravillosas, y esto lo sé muy bien!" (Salmo 139:13,14).

"El pastor me convenció de que la vida es preciosa y que Dios tiene un plan para cada persona –dijo–. Yo entendí que Dios nos conoce de manera íntima desde nuestra concepción y que un embrión es una vida, no un grupo de células o masa de tejidos. Bernice fue a la casa y le dijo a su esposo que ella no iba a participar en ayudar a Cheryl a practicarse un aborto, ella solo la cuidaría.

Tim insistió que él deseaba lo mejor para su hija, pero presionó a Cheryl a tomar una decisión pronto. Mientras, las amigas cristianas de Bernice estaban orando para que Cheryl tomara la decisión que Dios deseaba que ella hiciera. Tim impaciente con su indecisión, se adelantó e hizo una cita para que se hiciera el aborto.

La tarde de la cita, una amiga de Bernice trajo a su hijo de tres años de visita.

–Realmente creo que el aborto está mal, Cheryl –le dijo ella–. Si tú decides no hacerlo, yo conozco una familia cristiana que le encantaría adoptar a tu bebé. Por favor considéralo.

Cheryl jugó con el niño de la amiga por un rato, y luego se fue a su habitación para estar un tiempo a solas. Cuando llegó su papá para llevarla a la clínica, ella bajó su cabeza y le dijo: "Papá, no puedo. Simplemente no puedo hacerme un aborto".

Sorprendido y enojado, Tim empacó sus maletas y se mudó de la casa por dos semanas. Cheryl se fue a casa de una familia cristiana, fuera del estado, para madres solteras y pidió que su hijo fuera dado a una pareja cristiana que no podía tener hijos.

Después de nacer el bebé, Bernice y Tim tuvieron el gozo de tener la bebé. Ellos la tuvieron una vez más, seis semanas después cuando regresaron con Cheryl para firmar los papeles de adopción. Cheryl se mudó de regreso a su casa y terminó la escuela superior. Un día ella le dijo a Bernice: "Mamá, si yo me hubiera practicado el aborto, posiblemente hubiera regresado a la bebida en busca de aceptación".

Pero Cheryl no se ajustó bien; ella sintió un vacío en su vida, extraba a su bebé y deseaba que alguien la amara. Cuando un hombre mayor pasó por su camino la conquistó, y se mudó a una casa bote con él. Ella consiguió un trabajo y era la que mantenía el hogar. Ellos se casaron pero un año después él la botó de la casa, entonces ella llamó a sus padres para que la vinieran a recoger.

Poniendo su vida en orden

Durante todo este tiempo Bernice y sus amigas estuvieron orando para que Cheryl regresara a Dios y a su familia. Ella se mudó de nuevo a la casa, inició los trámites de divorcio y comenzó a organizar su vida. Pronto se dio cuenta que necesitaba una mejor educación, así que trabajaba de día y asistía a la universidad de noche.

Un punto importante en la restauración de Cheryl fue saber que podía regresar a casa. La alfombra de bienvenida estaba puesta. Todavía está extendida. Con la ayuda de sus padres, ella está trabajando en su sueño de asistir a la escuela de leyes y convertirse en un abogado. Ahora Jesús es su roca firme, y no hay camino de retroceso.

El hijo pródigo de Quin regresa

El año pasado, nuestro antiguo pastor en la Florida, Peter Lord, nos visitó en Colorado. Nuestro hijo Keith y su familia estaban viviendo con nosotros después de haber terminado siete años de servicio con Youth With a Mission (YWAM).

Mientras estaban sentados en el sofá hablando, Keith dijo: "Pastor, yo solía sentarme en la parte de atrás de la iglesia con el resto de los jóvenes. Cuando preguntabas por aquellos que deseaban darle su corazón al Señor y los invitabas a que caminaran hasta el altar para orar, yo no iba. Las palmas de mis manos me sudaban. Y me decía: *si hago esa decisión, estoy seguro que Dios me obligará ir al África. No, yo no voy a ir al África.*

"Pastor Lord, solo deseo que sepas que he estado en África dos veces en un barco de caridad con YWAM. Pensé en usted y en todos los sermones que le escuché predicar. Como ve, yo sí tomé la decisión por Jesús".

El pastor Lord sonrió y puso su brazo por encima del hombro de Keith. Seguro que él estaba recordando los momentos en que él oró con nosotros por nuestro hijo, mientras lo declarábamos un "poderoso hombre de Dios", cuando sus circunstancias no eran las mejores.

Los viajes misioneros de Keith han terminado, ahora él tiene su propio negocio de artes gráficas, algo que estudió en la universidad y le gusta hacer.

Dios usa los talentos y habilidades de nuestros hijos en diferentes etapas de sus vidas, si los padres no los amarramos a nuestras expectativas. Recuerdo cómo cedía mis hijos a Dios y decía: "Señor, este hijo es tuyo". Mi corazón y hogar están abiertos. Llegó el momento, cuando dejaron de ser pródigos, nuestros tres hijos estuvieron viviendo en el extranjero, en diferentes países, al mismo tiempo.

¿Estará la alfombra de bienvenida puesta para tu hijo si él o ella escoge una carrera que a ti no te gusta? ¿Si se casa con alguien que no apruebas? O ¿se muda a un país lejos de ti? Es un asunto de mantener un corazón abierto al igual que un hogar en espera de su regreso.

El Dios que mantiene su pacto

A menudo Dios se refiere a sí mismo como un Dios que mantiene su pacto. Este es un acuerdo entre dos personas. Él dice: "Yo lo hago, si tú lo haces". En una ocasión yo (Quin) escuché a un predicador, decirle a un grupo de estudiantes del colegio bíblico, una historia personal sobre un pacto que ilustra esto.

Su hija se casó y tuvo dos niñas. Luego descubrió que su esposo le había sido infiel y el matrimonio se derrumbó. Ella estaba enojada con Dios por permitir que esto sucediera y también con su padre por no haber evitado que ella se casara con ese hombre. Alejada de su familia, no dejaba que sus padres vieran a sus nietas. Tampoco iba a la iglesia. Su padre dudaba que en algún momento le hablara a sus hijas sobre el Dios de amor que él predicaba cada domingo.

Pasaron los años y las niñas llegaron a la adolescencia. Ahora con una mala situación financiera, la hija se humilló y pidió ayuda a sus padres. Ellos se sintieron contentos de tener contacto con ella de nuevo. Su hija se mudó a una casa móvil en la propiedad de sus padres; ahora ellos podían conocer mejor a sus nietas.

Un día el predicador regresó a la casa de un viaje y se dirigía hacia los escalones de la casa móvil para ver a sus nietas. Adentro escuchó en su apogeo una conversación en voz alta, así que dudó unos momentos y esperó.

—¿Qué es esto de que ahora nosotras tenemos que comenzar a leer la Biblia y hablar sobre ir a la iglesia? —una de las muchachas le gritaba a su mamá—. A ti nunca te han importado las cosas religiosas.

—Bueno, Dios tiene un pacto con tu abuelo, y nosotros no podemos salirnos —respondió ella.

—¿Un pacto, qué es eso? —le preguntó la adolescente.

El pastor bajó con rapidez las escaleras, no deseaba interrumpir la conversación. Él terminó la historia contándoles a los estudiantes del instituto bíblico: "Mi hija no está en el lugar que yo deseo que esté espiritualmente, pero ella y las niñas están en camino. Es un comienzo. Estoy confiando en Dios que mantendrá su pacto conmigo, para nuestra familia".

He aquí solo dos versos sobre el pacto, de al menos trescientas referencias que se encuentran en las Escrituras:

"Reconoce, por tanto, que el Señor tu Dios es el Dios verdadero, el Dios fiel, que cumple su pacto generación tras generación, y muestra su fiel amor a quienes lo aman y obedecen sus mandamientos" (Deuteronomio 7:9).

En cuanto a mí, dice el Señor, este es mi pacto con ellos: "Mi Espíritu que está sobre ti, y mis palabras que he puesto en tus labios, no se apartarán más de ti, ni de tus hijos ni de sus descendientes, desde ahora y para siempre, dice el Señor" (Isaías 59:21).

Dios tiene cuidado de las familias

El plan de Dios es la salvación para todas las familias.

Cuando Dios le dijo a Noé que entrara en el arca, toda su familia de ocho personas fue incluida; todos fueron librados del diluvio (Génesis 7:1).

Cuando Rahab la prostituta escondió a los espías israelitas en Jericó, se le ofreció protección para ella y toda la familia de su padre (Josué 2:12-19).

Cornelio, el primer creyente gentil, aceptó la salvación cuando Pedro predicó en su casa, y sus familiares y amigos cercanos también creyeron y fueron bautizados (Hechos 11:4-18).

Lidia fue la primera persona que creyó en Europa por la predicación de Pablo, y ella y todos en su casa fueron salvos (Hechos 16:13-15).

Pablo le dijo al carcelero de Filipo, "Cree en el Señor Jesús; así tú y tu familia serán salvos..." (Hechos 16:31). Pablo le habló del Señor y "se alegró mucho con toda su familia por haber creído en Dios" (v. 34).

Camino al cielo

Una amiga mía (Quin), a quien llamaré Jackie, viajaba hacia el norte desde su casa que quedaba en el sur, cada verano para asistir a su reunión familiar. Años tras años hizo esto. Ella era una de las pocas de su numerosa familia, que era cristiana. Durante años estuvo orando por la salvación de ellos, sin ninguna señal tangible de victoria. El verano pasado regresó.

Una tarde, mientras hacían una visita, una de las hermanas de Jackie se puso de pie y dijo: "Estas reuniones son tan divertidas que yo pienso que debiéramos continuarlas algún día en el cielo. Pero mejor nos aseguramos que estamos de camino hacia allá. Jackie, ¿podrías venir acá y orar con todos nosotros para que podamos ir al cielo y asistir a otra reunión familiar allí?"

Jackie estaba sorprendida al principio, pero honrada. Ella se levantó de su asiento y se paró junto a su hermana enfrente del grupo.

–La oración de salvación es especial, pero no es solo por ir al cielo –explicó–. Es también especial para nuestra vivencia en la tierra. Jesús vino a darnos vida en abundancia. La salvación también incluye sanidad, seguridad y protección. Así que, ¿podrían todos orar en voz alta conmigo?

»"Padre, vengo a ti, reconociendo que necesito a Jesús como mi Salvador. Te pido tu perdón, misericordia, paz y dirección para mi vida. Estoy triste por haberte fallado... deseo cambiar..."

Ella continuó dirigiéndolos en oración para que rindieran su voluntad a Dios. ¡Cuarenta de sus familiares vinieron al Señor ese día! Sus oraciones por largo tiempo, a favor de ellos, fueron contestadas en una tarde común y corriente.[2]

Nosotros no tenemos idea de cuánto tiempo le puede tomar a un hijo pródigo decidir regresar a casa. Sin embargo, mientras oramos, podemos recordarle a Dios su pacto para con nosotros y pedirle que llene al hijo pródigo de su amor. A Dios le interesan las familias y siempre está dispuesto a decir: "¡Bienvenido a Casa!"

Con suavidad y ternura

A finales del siglo diecinueve, Dwight L. Moody condujo grandes reuniones evangelísticas en las cuales miles vinieron a Cristo. Al cierre de su mensaje, la canción "Con suavidad y ternura" a menudo se cantaba mientras hacía una invitación.

Cuando el evangelista estaba en su lecho de muerte, el compositor de la canción, Will Thompson, visitó a su amigo por última vez. El señor Moody felicitó al escritor del himno por componer la canción, y poco tiempo después entró a su descanso eterno con estas palabras de invitación una vez más sobre sus labios:[4]

Con suavidad y ternura Jesús está llamando
Llamando por ti y por mí.
Mira, en los portales él está esperando y vigilando,
Vigilando por ti y por mí.

Oh, el maravilloso amor que él ha prometido,
Prometido para ti y para mí.
Aunque nosotros hayamos pecado, él tiene misericordia y
perdón, Perdón para ti y para mí.

Ven a casa, ven a casa,
Tú que estás cansado, ven a casa.

De todo corazón, con ternura, Jesús está llamando,
Llamando, ¡Oh pecador, ven a casa!

Will L. Thompson (1849-1909)

Catherine Marshall escribió: "El Señor está en el negocio de restaurar hogares rotos y sanar familias dañadas... Él es el Dios de la redención y de los nuevos comienzos".[5]

Y también es el Dios que redime nuestros errores. Por lo tanto, podemos tener esperanza de que cualquier hijo pródigo errante, responderá a su llamado: "¡Ven a Casa!"

Oración

Querido Padre celestial, la idea de darle la bienvenida a mi hijo pródigo me emociona. Fortalece mi fe para que yo pueda estar firme en oración hasta que esto suceda. Ayúdame a tener un corazón como el del padre del hijo pródigo en la Biblia, siempre vigilando el regreso de _____, siempre dispuesta a dar la bienvenida, abrazar y perdonar. Señor, dame la habilidad de comunicar tu amor a mi hijo pródigo, no importa cuáles puedan ser las circunstancias. Gracias, Padre, por tu misericordia y fidelidad. Amén.

Preguntas para meditar

1. ¿Estoy dispuesta a renunciar a mis expectativas de cómo y cuándo deseo que suceda el regreso de mi hijo pródigo?

2. ¿Puedo aceptar a mi hijo por lo que él es, incluso peludo, con el cabello sin peinar, ademanes crudos y el olor del chiquero aún en sus ropas? ¿O a mi hija con

tatuajes, su cuerpo con agujeros y el pelo pintado de
púrpura y erizado? ¿Puedo ver acaso más allá de lo "ex-
terno" y creer a Dios por un cambio de corazón?

Notas:
1. Tomado de *What's So Amazing About Grace?* Por Philip Yancey. Copyright 1997 por Philip D. Yancey. Usado con autorizacion de Zondervan Publishing House, p. 46.
2. Max Lucado, *No Wonder They Call Him the Savior* (Portland: Multnomah Press, 1986), p. 44.
3. Adaptado de *Good Night, Lord 2000* por Quinn Sherrer, p. 18 Publicado por Regal Books, Ventura, california, Usado con autorizacion.
4. Kenneth W. Osbeck, ed., *Amazing Grace: 366 Inspiring Hymn Stories for daily Devotions* (Grand rapids, MI: Publicaciones Kregel, 1990), p. 184.
5. Catherine Marshall, *Light in My darkest Night* (Grand Rapids, MI: Baker Book House, 1989), p. 27.

Epílogo

Tres días después que Quin y yo nos reunimos con los directores de Regal y acordamos escribir este libro, asistí a un almuerzo de damas con una amiga. Cuando le comenté sobre nuestras ideas de escribir "Cómo orar por los hijos pródigos", ella nos contó su propia experiencia de oración por su hijo caprichoso. Desde entonces él ha reanudado su relación con el Señor y hace poco se casó con una muchacha cristiana.

Después ella compartió esta reseña de los días cuando su hijo estuvo en un rancho de rehabilitación para hombres en Alabama por la adicción a drogas. Uno de los compañeros de cuarto de su hijo estaba luchando a causa de lo estricto del programa y decidió darse de baja. Una noche, sin poder dormir, él salió al muelle al final de un lago cercano.

"¡Dios, sal de mi vida! –gritó él con desaliento mientras daba pasos de un lado a otro–. Yo no puedo resistirlo más, solo déjame en paz, ¿está bien?"

En el silencio de la noche, él escuchó una suave y serena voz que le hablaba a su corazón: *¡Yo te dejaré quieto cuando tu mamá me deje quieto!*

El jovencito comenzó a llorar, dándose cuenta que las oraciones de su mamá le habían perseguido durante todos los años de su rebelión. Él regresó al dormitorio y al día siguiente le dijo a su consejero que estaba listo para hacer las paces con Dios y que deseaba quedarse en el programa hasta que estuviera realmente libre.

Que infusión de fe es saber que cuando nosotros le pedimos a Dios que intervenga en las vidas de nuestros hijos pródigos, Él obra de diferentes maneras para llamar su atención.

Durante los últimos días de trabajo en este libro, yo llamé a Bárbara, una amiga cuya historia aparece en el capítulo 1, para estar al día sobre su hija pródiga de veintiséis años de edad, Carlyn. Esta joven al fin ha roto por completo con una relación de abuso y ha regresado a casa, pero según el último informe ella no se había reconciliado aún con el Señor.

Bárbara me dijo, que Carlyn está teniendo relaciones con otro hombre que abusa de ella y trata de controlarla. No hace mucho regresó a casa sangrando después de haber sido golpeada por él, pero ella no quiere denunciarlo y todavía sigue con esta relación. Ha sido difícil para Bárbara estar sostenida a su fe a la luz del comportamiento de Carlyn. Nosotras oramos juntas por teléfono, y yo le prometí que solicitaría apoyo de oración adicional.

Unos pocos días después, ella llamó con una buena noticia. Carlyn la había llevado de compras y ambas disfrutaron de un maravilloso tiempo juntas. En un momento dado su hija dijo: "Mamá, tú no necesitas preocuparte sobre si creo en Dios. Yo creo en Él, a mí lo que no me gusta es ir a la iglesia".

"Estoy parada en la brecha orando por mi hija, pero es un avance gigantesco que ella me dijera eso –me dijo Bárbara–. Ella ya no maldice en mi presencia, es tierna conmigo y pasa más tiempo en casa. Estoy agradecida por este cambio en ella, me ofrece esperanza para seguir orando".

Yo le recordé a Bárbara que cuando Carlyn le dice a ella cosas hirientes, no debe tomarlo en forma personal y sentirse tan herida que llegue a rendirse.

"Es el enemigo el que motiva a tu hija a decir esas cosas para herirte y desanimarte para que dejes de orar –le dije–. Solo sigue amando a tu hija, orando y resistiendo al enemigo". De nuevo, hicimos una oración por Carlyn, y le aseguré a Bárbara que estaba de pie con ella en oración hasta que viniera la victoria total.

Yo comprendí lo poco productivo que es para nosotros esperar que los hijos pródigos asistan a la iglesia cuando sus corazones no están listos. Muchos de ellos creen que serán de todas formas rechazados por las personas en la iglesia, ¿así que para qué molestarse? Como en la parábola, el hijo pródigo tiene que recobrar sus sentidos; entonces puede regresar a la casa del Padre. También entendí lo importante que es para los intercesores animarse unos a otros al sentirse desesperados al orar por los hijos perdidos.

Que este libro te ofrezca un nuevo renacer en la esperanza y te ayude a renovar tu compromiso de oración y no desmayar.

Sí, Dios escucha tus oraciones.

Sí, Él está obrando en el ámbito invisible, influyendo en las circunstancias en la vida de tu hijo pródigo y enviando obreros a su camino.

Sí, tus oraciones hacen la diferencia.

Sí, ¡siempre es muy pronto para rendirse!

Ruthanne Garlock

"Así que recomiendo,... que se hagan plegarias, oraciones, súplicas y acciones de gracias por todos... Esto es bueno y agradable a Dios nuestro Salvador, pues él quiere que todos sean salvos y lleguen a conocer la verdad" (1 Timoteo 2:1,3,4).

Libra tu batalla de oración

Interceder en oración por el hijo pródigo que deseamos ver a salvo es solo una parte del trabajo que debemos hacer. También es necesario batallar en contra de las fuerzas espirituales que se oponen. Dirigimos nuestras oraciones a Dios y nuestra lucha espiritual hacia el enemigo.

Puede que alguien le tema a este término: "batalla espiritual"; pero es un principio bíblico que vemos modelado en la vida de Jesús. Después de su bautismo, cuando fue tentado por Satanás en el desierto, Cristo lo venció citando la Palabra de Dios (ver Lucas 4:1-14). En sus enseñanzas, Jesús hizo muchas referencias al diablo (ver Mateo 4:3; 6:13; 12:24-26; 25:41; Juan 8:44; 10:10). Y Cuando

Jesús oró al Padre por sus seguidores, su petición fue: "Protégelos del maligno" (Juan 17:15).

Uno de los principios básicos, para librar la batalla espiritual, es saber que tenemos un enemigo.

Conoce al enemigo

Satanás es el enemigo de Dios y de nosotros. La Escritura dice: "Sed sobrios, y velad; porque vuestro adversario el diablo, como león rugiente, anda alrededor buscando a quien devorar; al cual resistid firmes en la fe, sabiendo que los mismos padecimientos se van cumpliendo en vuestros hermanos en todo el mundo" (1 Pedro 5:8,9 RV).

El hijo pródigo por el que estamos orando no es el enemigo, es aquel a quien Satanás está persiguiendo para devorar. Los incrédulos que están cegados y manipulados por el enemigo pueden comportarse como él, pero tampoco son el enemigo (ver 2 Corintios 10:4). A veces los creyentes bien intencionados pueden asumir conductas de enemigo, pero no podemos ser engañados y batallar contra ellos. Tenemos que dirigir nuestra guerra espiritual contra Satanás y sus emisarios.

Batalla en el ámbito espiritual

Pablo escribió: "Nuestra lucha no es contra seres de carne y hueso, sino contra seres incorpóreos, malignos soberanos del mundo invisible, poderosos seres satánicos y príncipes de las tinieblas que gobiernan este mundo, y contra perversas huestes espirituales en el mundo espiritual" (Efesios 6:12, LBD). Estos poderes invisibles se dejan sentir y atacan al pueblo de Dios (ver Daniel 10:12-14; Marcos 4:15; 8:33; Lucas 22:3,31,32; Juan 8:44; Hechos 5:3; 26:18; 2

Corintios 2:11; 4:4; 1 Tesalonicenses 2:18). El diablo tratará de distraernos haciendo que respondamos a personas y circunstancias en la carne. Pero un guerrero espiritual, comprende cómo obra el enemigo y reconoce que la batalla es en el ámbito espiritual y no en el natural.

Estas son algunas de las estrategias básicas del enemigo:

1. Destruir la confianza de los creyentes en Dios y su Hijo, para que abandonen la fe.

2. Seducir a los creyentes mediante enseñanzas engañosas o de su propio pecado para que crean a la mentira y no a la verdad.

3. Impedir que el incrédulo escuche una clara presentación del Evangelio para que se quede en el reino de Satanás.

4. Intensificar la presión en los creyentes hasta cansarlos para que así abandonen la esperanza de que las cosas puedan cambiar algún día (ver 1 Corintios 16:9).

Pide una estrategia

El Espíritu Santo es nuestro agente de inteligencia designado para tratar los conflictos espirituales que estamos enfrentando. A medida que estudiamos las batallas en el Antiguo Testamento, descubrimos que Dios daba instrucciones precisas y claras para cada una de ellas, cuando las personas buscaban dirección divina. (Algunas referencias de estudio son Josué 5:13–6;27; Jueces 4,6,7; 1 Samuel 7:2-17; 14:1-23; 17; 30; 2 Crónicas 20.)

Tenemos que pedir dirección al Espíritu Santo para seguir las estrategias en nuestras batallas y aprender a reconocer la voz de Dios a medida que buscamos conocerlo mejor. En ocasiones podemos oír la voz del enemigo o la de nuestro propio deseo humano y razonamiento. Estas posibilidades pueden llevarnos a un engaño. Por supuesto que el Señor puede decidir hablarnos en voz audible, pero eso sucede en raras ocasiones. Por lo general, habla de maneras más imperceptibles, por ejemplo a través de

- versículos de la Escritura,

- enseñanzas bíblicas que escuchamos,

- palabras de ánimo y dirección para los demás,

- una canción que viene a la mente o que oímos en el radio o en la iglesia,

- un incidente que sucede,

- algo que observamos en la naturaleza,

- una voz suave y tenue que escuchamos en nuestros pensamientos.

Posiblemente la estrategia de lucha más importante que tengamos, sea estar seguros de no guardar rencor o amargura en nuestros corazones hacia otra persona. A menudo el hijo pródigo por el que estamos orando es el mismo que causa que nos sintamos desencantados, heridos y enojados. O puede que estemos molestos con otra persona que sentimos que de alguna manera es responsable por la situación. El enemigo trata de convencernos de que nuestro enojo es justificado, porque sabe que eso anula nuestras oraciones y la batalla. Pablo claramente nos advierte: "No dejen que el sol se ponga estando aún enojados, ni den cabida al diablo" (Efesios 4:26,27; 2 Corintios 2:10,11).

Perdonar es un acto de la voluntad, puede que tome tiempo antes que nuestras emociones concuerden con nuestra decisión. Una vez que damos el primer paso para perdonar, podemos contar que

Dios nos proveerá la fuerza para ayudarnos. Dios siempre recompensa nuestra obediencia a su Palabra. Pero si no perdonamos, estorbamos el fluir del perdón de Dios hacia nosotros y por lo tanto obstaculizamos nuestras propias oraciones (ver Marcos 11:25, 26).

Cuando decidimos perdonar a alguien, nos liberamos de la atadura y entregamos a la persona en las manos de Dios para Su juicio y Su misericordia. Así que estamos en posición de orar de forma efectiva y de hacerle la guerra por esa persona.

Usa nuestras armas

A continuación hay una lista de armas básicas disponibles para que el creyente haga guerra espiritual:

El nombre de Jesús

Su nombre tiene poder para derrotar al enemigo debido al sacrificio de la muerte de Cristo en la cruz. Pero solo podemos usarlo con autoridad cuando estamos en comunión con Él, cuando no hay falta de perdón o pecado oculto en nuestros corazones y cuando estamos caminando en fe y obediencia.

Jesús les dijo a sus seguidores: "Sí, les he dado autoridad a ustedes para pisotear... todo poder del enemigo..." (Lucas 10:19.) Nosotros oramos en el nombre de Jesús y hablamos en voz alta haciendo declaraciones al enemigo en ese nombre. Entonar cánticos acerca del poder del nombre de Jesús es otra forma de declarar victoria. (Otras referencias al poder en el nombre de Jesús son: Salmo 44:5,6; Marcos 16:17; Lucas 9:1,2; Juan 14:13,14; Hechos 19:13-17; Filipenses 2:9,10.)

La sangre de Jesús

La sangre de Jesús, fue el medio de nuestra redención, es la sustancia más preciosa en la tierra (ver 1 Pedro 1:18-21). Él estaba por

completo sin pecado, sin embargo, escogió sufrir una muerte de sacrificio para pagar por todos los pecados de la humanidad (ver Romanos 5:12-17). Cuando Jesús fue a la cruz y vertió su sangre, selló
la derrota de Satanás y le quitó sus armas (ver Colosenses 2:13-15).

Declarar la sangre de Jesús sobre una persona es una manera
de dr aviso al enemigo de que esa sangre es algo que no puede vio-
lar de forma permanente. Esto se basa en Éxodo 12:23. La sangre
del cordero aplicado a los marcos y dinteles de las puertas del pueblo de Dios, protegió a los primogénitos del ángel de la muerte
que hirió y asesinó a los primogénitos en todas las casas de Egipto.

Oraciones tipo convenio

Jesús dijo: "Además les digo que si dos de ustedes en la tierra se ponen de acuerdo sobre cualquier cosa que pidan, les será concedida
por mi Padre que está en el cielo. Porque donde dos o tres se reúnen
en mi nombre, allí estoy yo en medio de ellos" (Mateo 18:19,20).

Como intercesores y guerreros espirituales, tenemos primero
que estar de acuerdo con el Espíritu Santo y sus propósitos, para
que nuestras oraciones sean contestadas. Una vez que tenemos la
dirección del Espíritu en cuanto a cómo orar, podemos ver una
mejor efectividad si lo hacemos de acuerdo con otro intercesor.
Estar de acuerdo significa estar en armonía o sin contienda.
Cuando dos de nosotros oramos de acuerdo con el Espíritu Santo,
establecemos "un cordón de tres dobleces" que no es fácil de
romper (ver Eclesiastés 4:9-12, RV).

Ata y desata

Jesús dijo de sus seguidores: "Ahora bien, nadie puede entrar en la
casa de alguien fuerte y arrebatarle sus bienes a menos que
primero lo ate. Solo entonces podrá robar su casa" (Marcos 3:27;
Mateo 16:19; Lucas 11:21,22).

Atar espíritus malos es restringirlos, prohibirles continuar con
sus actividades destructivas en la vida del individuo. Nos podemos

dirigir a estos espíritus en forma directa. Luego, a través del poder del Espíritu Santo, declaramos que la persona está libre de la atadura del enemigo. Pedimos al Padre, en oración, que envíe al Espíritu Santo a ministrar de acuerdo a sus necesidades. He aquí un ejemplo de este tipo de oración:

Padre, gracias porque nos diste poder por medio de Cristo para tomar autoridad sobre las obras del maligno. Por esta autoridad atamos toda mentira, impureza, rebelión, espíritus que odian a Dios, el anticristo y que están operando en la vida de _____ ahora mismo. Declaramos que su asignación en contra de _____ se encuentra anulada y vacía de poder por medio de la sangre de Cristo, nuestro Salvador, quien ganó la victoria a través de su muerte en la cruz del calvario. Declaramos libre a _____de la influencia de estos espíritus malignos. Pedimos al Espíritu Santo que revele la verdad y llamamos a _____al arrepentimiento.

Ayuno

El ayuno, es una abstinencia voluntaria de alimento, una herramienta de guerra poderosa. Dios declara su propósito: "El ayuno que he escogido, ¿no es más bien romper las cadenas de injusticia y desatar las correas del yugo, poner en libertad a los oprimidos y romper toda atadura?" (Isaías 58:6).

El ayuno no es una técnica para "forzar" y tratar de convencer a Dios de hacer las cosas a nuestra forma. Podemos usar esta arma espiritual efectiva con varios propósitos:

1. Para que seamos sensibles a la voz del Espíritu Santo.

2. Busquemos la estrategia del Señor para nuestra batalla.

3. Dediquemos más tiempo al estudio de la Biblia.

4. Rompamos la fortaleza del enemigo.

Debido a razones médicas, no todo el mundo puede abstenerse de forma total de alimento. Pero hay algunas maneras en que podemos ayunar o abstenernos de ciertos alimentos, de la televisión u otro entretenimiento. Algunos pueden hacer el "ayuno de Daniel", no comer carne y solo una cantidad mínima de alimento muy común (ver Daniel 10:2). Otros se abstienen de consumir alimentos sólidos pero toman líquidos como agua y jugos. El punto es dejar a un lado tiempo para la oración y buscar de Dios durante el ayuno (ver también 2 Crónicas 20:3; Mateo 6:16-18; Lucas 4:1,2,14; Hechos 14:23).

Alabanza

Quizás no has considerado la alabanza como un arma espiritual, pero el Salmo 149:6-8 verifica que esto es así: "Que broten de su garganta alabanzas a Dios, y haya en sus manos una espada de dos filos para que tomen venganza de las naciones... para que sujeten a sus reyes con cadenas, a sus nobles con grilletes de hierro". Pensamos en "naciones" y "nobles" como si fueran principados y potestades en el ámbito demoníaco.

Batallamos desde una posición de victoria, ya que Dios ha puesto todas las cosas debajo de los pies de Jesús (ver Efesios 1:19-22). Por medio de la alabanza, el ejército de Josafat envió confusión a las filas del enemigo, y Pablo y Silas fueron hechos libres de la prisión (ver 2 Crónicas 20:14-22; Hechos 16:23-26).

Podemos ofrecer alabanzas cantando acerca del Dios Todopoderoso y de la victoria de Jesús sobre Satanás, por medio de nuestras propias declaraciones de alabanza y al pronunciar en voz alta las promesas de las Escrituras que nos aseguran la victoria de Dios.

La Palabra de Dios

Todo lo que podemos hacer en la guerra espiritual tiene que basarse con firmeza en la Palabra de Dios, la espada del Espíritu. Dios dice: "Así es también la Palabra que sale de mi boca; no volverá a mi vacía, sino que hará lo que yo deseo y cumplirá con mis propósitos" (Isaías 55:11). Declaramos su Palabra, no nuestros propios deseos o ideas en el asunto, para ver cumplirse los propósitos de Dios (ver Efesios 6:17; Hebreos 4:12). He aquí cuatro maneras de usar esta arma de guerra:

1. Pídele al Señor que ponga en tu corazón un versículo específico para usarlo como arma.

2. Declara la Palabra en voz alta al enemigo para recordarle su derrota.

3. Confiesa la Palabra al Señor, afirmando que estás de pie en su presencia.

4. Permite al Espíritu Santo que hable por medio de la Palabra con ánimo, dirección o corrección.

He aquí ejemplos de cómo usar la Palabra para oración y guerra. Este ejemplo usa solo dos versículos de la Escritura: 2 Timoteo 2:25b, 26 (BdLA).

Dios le da a _____ el arrepentimiento que conduce al pleno conocimiento de la verdad, y volviendo en sí, escapa del lazo del diablo, habiendo estado cautivo de él para hacer su voluntad.

Usando los mismos versículos para la guerra, empuña la espada del Espíritu para hablarle en voz alta al enemigo, como lo hizo Jesús cuando el diablo lo tentó:

Satanás, la Palabra de Dios dice que tienes a mi hijo pródigo cautivo para hacer tu voluntad. Así que en el nombre y por la autoridad de Jesucristo de Nazaret, a quien sirvo, te digo que sueltes su voluntad, para que él (ella) sea libre de escoger seguir a Jesús.

He aquí otro ejemplo de oración usando la Palabra de Dios por la persona por la que estás intercediendo, basado en Salmos 34:7; 91:3, 11, 15:

Gracias Señor, porque prometes que el ángel de Jehová acampa alrededor de los que le temen, y los defiende. Estoy confiando en que libres a _____ de toda trampa del maligno. Señor, por favor manda a tus ángeles cerca de _____ para cuidarlo en todos sus caminos. Gracias porque yo sé que _____ te invocará y estarás con él (ella) en la angustia. Amén.

Por qué las personas no vienen al Señor

He aquí algunas razones basadas en las Escrituras respecto al por qué algunas personas no vienen al Señor o por qué resbalan y se vuelven hijos pródigos:

1. Satanás los ha tenido cautivos para hacer su voluntad (ver 2 Timoteo 2:25,26).

2. Satanás los ha cegado. "Pero si nuestro evangelio está aún encubierto, entre los que se pierden está encubierto; en los cuales el dios de este siglo cegó el entendimiento de los incrédulos, para que no les resplandezca la luz del evangelio de la gloria de Cristo, el cual es la imagen de Dios" (2 Corintios 4:3,4 RV 1960).

3. Las preocupaciones de este mundo, el engaño de las riquezas y los deseos de otras cosas ahogan la Palabra de Dios (ver Marcos 4:19).

4. Ellos guardan rencores. Pablo dice: "A quien ustedes perdonen, yo también lo perdono. De hecho, si había algo que perdonar, lo he perdonado por consideración

a ustedes en presencia de Cristo, para que Satanás no se aproveche de nosotros, pues no ignoramos sus artimañas" (2 Corintios 2:10,11).

5. No hay suficientes obreros en el campo (ver Mateo 9:37,38).

Metas piadosas

He aquí varias metas que puede que desees incorporar a tus oraciones por tus hijos:

1. Que Jesucristo sea formado en ellos (ver Gálatas 4:19).
2. Que como semillas de justicia, sean librados del maligno (ver Proverbios 11:21, Mateo 6:13).
3. Que sean enseñados por el Señor y su paz sea grande (ver Isaías 54:13).
4. Que se entrenen para discernir entre el bien y el mal y tengan buena conciencia hacia Dios (ver Hebreos 5:14; 1 Pedro 3:21).
5. Que la ley de Dios esté en sus mentes y en sus corazones (ver Hebreos 8:10).
6. Que escojan compañías sabias, no necias, que tampoco sean sexualmente inmorales, borrachos, idólatras, calumniadores o estafadores (ver Proverbios 13:20; 1 Corintios 5:11).
7. Que se mantengan sexualmente puros y se guarden tan solo para su cónyuge, pidiendo la gracia de Dios para mantener tal compromiso (ver Efesios 5:3,31,33).
8. Que honren a sus padres (ver Efesios 6:1-3)[1]

Ora contra las malas influencias

He aquí algunas sugerencias de cómo orar por un hijo que es influido en forma negativa por sus compañeros:

1. Dios puede guiarte a orar como David lo hizo cuando creyó que su hijo Absalón estaba oyendo el consejo equivocado. Le pidió al Señor que "trastornara el consejo" (2 Samuel 15:31).

2. Puede que Dios te dirija a orar para que tu hijo sea "liberado de hombres perversos y malvados" y que "lo fortalezca y proteja del maligno" (2 Tesalonicenses 3:2,3).

3. Puede que Dios desee que bendigas a esa persona, aun cuando tu inclinación natural sea pedirle a Dios que quite su influencia de la vida de tu hijo. Puedes orar para que Dios cumpla su plan y propósito en esa persona, trayendo a la persona apropiada a su vida en el momento adecuado (ver Mateo 9:38; Efesios 1:11). Dios rompió la cautividad de Job cuando este oró por sus amigos; aunque ellos no eran exactamente el tipo de amigos que la mayoría desearíamos (ver Job 42:10)[2]

Oración por la salvación de un hijo pródigo

El mayor acontecimiento en la historia hizo posible que todo hijo pródigo pudiera ir al hogar del Padre. Jesús, el Hijo de Dios, vino al mundo y cargó con la culpa de los pecados de nuestro orgullo, rebelión y egoísmo que separaban a toda la humanidad de Dios. Él nos amó incluso en medio de nuestra rebelión y muerte, y murió en la cruz para pagar el castigo de nuestros pecados.

Después de tres días en la tumba, Jesús se levantó de entre los muertos, asegurando su promesa de que nosotros también podemos tener vida eterna. Solo necesitamos confesar y arrepentirnos de nuestros pecados, recibir su perdón y reconocerlo como Señor. Al pronunciar la siguiente oración, cualquiera puede ser reconciliado con Dios el Padre y acercarse a Él con cualquier necesidad, solo orando en el nombre de Jesús.

Señor Jesús, confieso que soy un pecador que me he alejado de tu amor. Me arrepiento de mi pecado y mi rebelión contra ti. Por favor, perdóname por caminar en mis propios caminos, lávame y límpiame. Te recibo como mi Señor y Salvador. Creo que eres el Hijo de Dios que vino al mundo, murió en la cruz, derramó su sangre por mis pecados y se levantó de entre los muertos. Señor, fortaléceme para vivir de tal forma que sea agradable a ti. Padre Dios, gracias porque el don de la salvación a través de tu Hijo hace posible que pueda orar a ti en el nombre de Jesús. Me regocijo en tu promesa, que viviré contigo en el cielo para siempre. Amén.

Ora con las Escrituras

En el capítulo 2 mencionamos a Jean y su hija que había perdido la fe. Creyendo que un día su hija regresaría, Jean oraba por ella. Sus oraciones estaban basadas en Ezequiel 36:25-36 (LBD) y Colosenses 1:9-12 (NVI).

Entonces será como si yo hubiera esparcido agua limpia sobre ti, _____, porque serás limpio; su inmundicia será lavada, su adoración idólatra desaparecerá. Y le daré un corazón nuevo; le daré deseos nuevos y rectos, y pondré un espíritu nuevo en ti. Le quitaré su corazón de piedra y de pecado y

*le daré un nuevo corazón de amor. Y pondré mi Espíritu
dentro de ti para que obedezcas mis leyes y hagas todo cuanto
yo le mando... Yo limpiaré sus pecados... Le daré abundante
cosecha... El Señor Dios dice: Cuando yo lo limpie de sus pecados lo traeré de nuevo... y reconstruiré las ruinas. Los campos (espirituales) que durante los años de exilio estuvieron
vacíos como el yermo serán cultivados de nuevo. Todos los
que pasaban por allí se asombraban al ver la extensa ruina en
su tierra, pero cuando yo lo traiga de vuelta ellos dirán: ¡Esta
tierra desamparada por Dios ha llegado a ser como el jardín
de Edén! ... Pues yo, el Señor lo he prometido, y lo haré.*

*Por eso, desde el día en que lo supimos no hemos dejado de
orar por ti, _____. Pedimos que Dios te haga conocer
plenamente su voluntad con toda sabiduría y comprensión
espiritual, para que vivas de manera digna del Señor, agra-
dándolo en todo. Esto implica dar fruto en toda buena obra,
crecer en el conocimiento de Dios y ser fortalecido en todo
sentido con su glorioso poder. Así perseverarás con paciencia
en toda situación, dando gracias con alegría al Padre. Él te ha
facultado para participar de la herencia de los santos en el
reino de la luz.*

Notas

1. De The Spiritual Warrior's Prayer Guide © 1992 por Quin Sherrer y Ruthanne Garlock. Publicado por Publicaciones Servant, Box 8617, Ann Arbor, Michigan, 48107, pp. 158, 159. Usado con permiso.
2. Ibid., pp. 157, 158.

Autoridad sobre el enemigo:

Isaías 44:25-26a; 54:17; 55:11; 59:19

Jeremías 1:12

Mateo 10:8; 12:28,29; 16:19

Marcos 3:27; 6:7; 16:17

Lucas 10:19

2 Corintios 2:14

Efesios 1:19-22; 4:8; 6:10-18

Colosenses 2:15

Apocalipsis 1:18

Para protección:

Deuteronomio 28:6,7

Salmos 5:11; 7:7-9; 91:1-10

Proverbios 2:8

Isaías 54:17

Restauración y seguridad

Salmos 31:8; 32:7

Proverbios 10:30; 12:3,21; 18:10

Joel 2:18-32

Por fortaleza y declaración de victoria
1 Samuel 17:45

2 Samuel 22:33,35,40

2 Reyes 6:16,17

Salmos 18:29; 68:28; 149:6-9

Cantar de los Cantares 6:10

Isaías 41:15; 50:7

Jeremías 12:5; 23:29

Por sanidad
Éxodo 15:26

Salmo 103:3

Proverbios 3:7,8; 4:20-22

Isaías 53:5

Mateo 4:23; 9:28,29; 15:26-28

Lucas 9:11

1 Pedro 2:24

1 Juan 3:8

Por los hijos
Salmos 91; 127:3-5; 144:12

Isaías 43:5; 49:25; 54:13; 59:21

Jeremías 29:11-14; 31:16,17

Joel 2:25-29

Malaquías 4:6

Colosenses 1:9-12

Lidiando con una persona abusiva
Salmos 31:20,21; 32:7; 37; 144:11; 145:18

Ezequiel 28:24-26

Por dirección

Salmos 34:19; 37:23,24; 123:1,2

Proverbios 3:5,6

Isaías 30:21

2 Corintios 5:7

Por provisión y finanzas

Levítico 26:3-13

Deuteronomio 8:7-10, 18

1 Reyes 17:2-4, 8,9

2 Crónicas 15:7; 32:8

Malaquías 3:10,11

Mateo 6:25,32

Lucas 6:38